Lucie Bernier | Robert Lenghan

Die Strichmännchen-Technik

LUCIE BERNIER | ROBERT LENGHAN

Die Strichmännchen-Technik

Für emotionale Selbstheilung, Lösung aus Abhängigkeiten und gute Beziehungen

Nach Jacques Martel

VAK Verlags GmbH
Kirchzarten bei Freiburg

Titel der kanadischen Originalausgabe:
La TECHNIQUE des petits BONSHOMMES ALLUMETTES!

Bibliografische Information der Deutschen Nationalbibliothek:
Die Deutsche Nationalbibliothek verzeichnet diese Publikation in der Deutschen Nationalbibliografie; detaillierte bibliografische Daten sind im Internet unter http://dnb.d-nb.de abrufbar.

VAK Verlags GmbH
Eschbachstraße 5
79199 Kirchzarten
Deutschland
info@vakverlag.de
Das gesamte Verlagsprogramm mit Leseproben finden Sie im Internet unter:
www.vakverlag.de

13. Auflage 2025

Übersetzung: Beate Brandt
Lektorat: Imke Rötger
Coverdesign und Foto: Kathrin Steigerwald, Hamburg
Zeichnungen: Josée Boucher
Layout und Satz: de·te·pe, Aalen
Druck: mediaprint solutions GmbH, Paderborn
Printed in Germany
ISBN 978-3-86731-202-8

Inhalt

Hinweise des Verlags

Dieses Buch informiert über die Anwendung der Strichmännchen-Technik. Die dargestellten Verfahrensweisen haben sich als sicher und effektiv bewährt. Wer sie anwendet, tut dies in eigener Verantwortung. Autoren und Verlag beabsichtigen hier nicht, individuelle Diagnosen zu stellen oder Therapieempfehlungen zu geben. Die Informationen in diesem Buch sind nicht als Ersatz für professionelle therapeutische Hilfe bei gesundheitlichen oder psychischen Problemen zu verstehen.

Über die Geburtsstunde dieses Buchs

Jedes Manuskript hat seine eigene Geschichte, und die dieses Buchs begann an einem Morgen im April 2015 um genau 5:55 Uhr. Ich schreckte aus dem Schlaf hoch mit der klaren Botschaft, dass die **Strichmännchen-Technik** weltweit Verbreitung finden müsse. Sogleich schnappte ich mir Bleistift und Papier, um augenblicklich die wichtigsten Informationen zu dieser Technik zu notieren, die Jacques Martel bereits in zwei Videoclips erklärt hatte, welche von über 500.000 Personen gesehen worden waren.

Ursprünglich wurde die Technik 1993 von Jacques Martel entwickelt, dem Autor des Bestsellers *The Complete Dictionary of Ailments and Diseases* (auf Deutsch erschienen beim VAK Verlag unter dem Titel **„Mein Körper – Barometer der Seele“**), der in Zusammenarbeit mit Lucie Bernier entstand und bereits über EINE MILLION Mal verkauft wurde.

Die Botschaft, die ich damals empfing, war eindeutig: Diese Technik muss Thema eines Buchs sein, das in gedruckter Form erscheint. Sofort entstand in meinem Kopf ein komplettes Konzept mit Themen, Inhaltsverzeichnis und den Grundlagen, die einer breiten Öffentlichkeit auf einfache und leicht zugängliche Weise vermittelt werden sollten. Schließlich ist dieses Buch dazu gedacht, möglichst vielen Menschen zu helfen.

Am nächsten Morgen wachte ich erneut um die gleiche Zeit auf und diesmal war es das Cover des Buchs, das vor meinem inneren Auge erschien. Darauf abgebildet war die Person, die sich am besten als Mitautorin für das Verfassen des Buchs eignen würde, nämlich Lucie Bernier.

Nun wissen Sie, auf welche Weise dieses Buch zustande kam!

Robert Lenghan
Berater für Change Management und Human Resources, Québec, Kanada

Einleitung

Viele Menschen suchen nach Mitteln und Wegen, wie sie ihr Leben verbessern können. Denn jeder erfährt immer wieder Situationen, in denen es zu Konflikten kommt oder offene Disharmonie herrscht. In solchen Fällen kann ich mich natürlich an Therapeuten, Psychologen, Sozialarbeiter oder Ärzte wenden. Aber wie sieht es mit einem einfachen Hilfsmittel aus, das ich selbst zu Hause, bei der Arbeit oder anderswo einsetzen kann und das mir tatsächlich weiterhilft? Hier kommt die **Strichmännchen-Technik** ins Spiel.

Diese Technik erfordert nur ein paar Minuten Zeit und ermöglicht mir, mich von Abhängigkeiten, Ängsten sowie **bewussten** und unbewussten Verstrickungen zu befreien. Durch sie kann ich Abstand von einer Person oder Situation gewinnen und ein höheres Maß an bedingungsloser **Liebe** entwickeln.

Regelmäßig angewendet kann diese Technik positive Veränderungen in meinem Leben bewirken. Dies folgt aus meiner Entscheidung und erklärten Intention, etwas zu verändern, und aus der Tatsache, **dass ich diese Intention schriftlich formuliere. Auf diese Weise wirke ich sowohl auf meine bewussten als auch auf meine unbewussten Anteile ein.** Das macht die Technik zu einem kraftvollen Werkzeug für Transformation.

Indem ich mich beim Durchführen der Technik offen für das bestmögliche Ergebnis zeige, setze ich einen umfangreichen Prozess in Gang, bei dem sich mein Energieniveau und mein **Bewusstsein** erhöhen und Raum für Wandel entsteht. Es ist vergleichbar mit dem Wind, der die Wolken wegpustet und Platz macht für den blauen Himmel und die Sonne, damit diese durch ihre Strahlen das **Licht** bringen kann. Zwar schien die Sonne auch zuvor schon, doch sie war durch die Wolken verdeckt, die in diesem Bild für meine Ängste, Zweifel, Unsicherheiten,

Abhängigkeiten, Verstrickungen und Urteile über mich selbst und andere stehen.

Mithilfe der *Technik* kann ich den inneren „Wind der Veränderung" aufleben lassen. Je weniger innerlich involviert und je zuversichtlicher ich bin in Bezug auf das Ergebnis, umso besser gelingt es mir, eben jenes Ergebnis (in Form einer Veränderung in meinem Leben) wahrzunehmen. Daraus resultiert eine Leichtigkeit, ein Wohlgefühl, das manchmal schwer erklärbar ist. Eines ist jedoch sicher: Ich gewinne die Kontrolle über mein Leben zurück!

Das Besondere an der *Technik* ist die Tatsache, dass sie auch dann funktioniert, wenn ich gar nicht weiß, woran ich in Bezug auf eine andere Person arbeiten muss oder was genau integriert werden soll. Aufgrund meiner Intention, eine Veränderung zu erzielen, und dem „Loslassen" durch meine Bereitschaft, die Person oder Situation und das jeweilige Ergebnis zu akzeptieren ↓♥, bestätige und materialisiere ich meine Intention in der Realität. Jedes Mal, wenn ich die *Technik* einsetze, sende ich einen Befehl an mein Unterbewusstsein, das dann daran arbeitet, positive Veränderungen in mein Leben zu bringen.

Man kann den Vorgang vergleichen mit einem Künstler, der das zuvor nur in seiner Vorstellung vorhandene Bild physisch ausdrücken will und es deshalb auf die Leinwand bringt. Durch das Einnehmen der offenen Haltung **„Ich wünsche das Beste für mich und die andere Person"** kann Großartiges geschehen.

Wenn meine Haltung nicht offen ist und ich innerlich den starken Wunsch habe, das Ergebnis zu beeinflussen oder zu kontrollieren, kann es so *scheinen*, als würde sich im Außen nicht viel bewegen. In diesem Fall gilt es, an der eigenen Einstellung und dem Anhaften an einem bestimmten Ergebnis zu arbeiten, indem ich mich beispielsweise frage, was meine wahren Intentionen sind und warum ich diese Situation in mein Leben gezogen habe. Die *Technik* ermöglicht mir also, an mir selbst zu arbeiten und sie als Werkzeug für Selbsterkenntnis und persönliche Entwicklung zu nutzen.

Ich wünsche Ihnen viel Spaß beim Lesen, gutes Arbeiten mit der *Technik* und wunderbare Ergebnisse und Entdeckungen!

Lucie Bernier
Dozentin, Psychotherapeutin
New Brunswick, Kanada

Hinweise zur Schreibweise

In den Beispielen zur Demonstration der *Technik,* die nachfolgend auch einfach als *Technik*, *Methode* oder *Übung* bezeichnet wird, finden zumeist die Vor- und Nachnamen der beiden Autoren Verwendung. Sie dienen allein zur Veranschaulichung. Die Strichmännchen-Zeichnungen zeigen manchmal einen Mann und manchmal eine Frau, ohne dass dies in irgendeiner Form eine Diskriminierung darstellen soll oder einem Geschlecht der Vorzug vor dem anderen gegeben wird.

Im gesamten Buch wird durchgängig anstatt der gängigeren Form des „Sie“ die „**Ich**-Form“ verwendet, um das Verständnis des Textes zu fördern. „**Ich**“ steht hier einfach für jede und jeden von uns.

Die in diesem Buch beschriebene *Technik* kann die notwendige medizinische oder psychologische Hilfe durch einen Arzt oder Heilberufler nicht ersetzen. Sie dient lediglich als Begleitung für Formen der traditionellen oder ganzheitlichen Medizin.

Die Symbolkombination ↓♥, die immer nach dem Wort „akzeptieren“ erscheint, steht für die Energie, die mit einem mentalen Bild oder einer Emotion verbunden ist und zu einer Situation gehört, die ich vom Kopf ins Herz♥ bewege. Das führt dann zu einer Heilung in **Liebe** oder zur Verstärkung einer positiven Einstellung.

KAPITEL 1

Einführung von Jacques Martel, dem Begründer der Strichmännchen-Technik

Wie alles begann

Die Geschichte der **Strichmännchen-Technik** begann in den 1970er-Jahren. Damals war ich noch Raucher. Im Januar 1976 begann ich mich für spirituelle Themen zu interessieren und Kontemplationsübungen zu machen, was unter anderem dazu diente, meine Schwingungsebene zu erhöhen. Im Juli 1976 hatte ich zwar immer noch Lust zu rauchen, aber wenn ich mir dann tatsächlich eine Zigarette ansteckte, wurde mir übel. Also hörte ich mit dem Rauchen auf.

Mir wurde **bewusst**, dass ich immer dann Lust bekam eine Zigarette zu rauchen, wenn ich eine Tante besuchte, die Raucherin war. Obwohl sie sich in meiner Gegenwart das Rauchen häufig verkniff, kam automatisch die Lust auf eine Zigarette hoch, wenn ich bei ihr war. Mir wurde schließlich klar, dass der Drang zu rauchen damit zusammenhing, dass ich mit ihren Raucher-Energien in Resonanz ging.

Ich versuchte also etwas Neues. Ich zog einen *Lichtkreis* um mich selbst und stellte fest, dass der Drang zu rauchen dadurch vollständig verschwand. Daraus schloss ich, dass es mir einen gewissen Schutz verlieh, wenn ich mich mit einem *Lichtkreis* umgab. Später stellte ich mir auch im Umgang mit anderen Personen manchmal einen *Lichtkreis* um mich herum vor, und auch um die andere Person. Als Nächstes kam die Idee, auch noch einen *Lichtkreis* um mich und die andere Person zu ziehen. Die Bedeutung dahinter ist folgende:

1. Ich wünsche mir das Beste für mich.
2. Ich wünsche mir das Beste für die andere Person.
3. Ich wünsche mir das Beste für uns beide.

Damals setzte ich die Technik nur als Visualisierungs- und Energieübung ein. Dann kam mir die Idee, das Ganze zu Papier zu bringen. Ich begann kleine **Strichmännchen** zu zeichnen und dann einen *Lichtkreis* um mich selbst, die andere Person und die Situation zu ziehen. In der ersten französischen Ausgabe des Buchs erschien das Beispiel eines jungen Mannes, der vor Gericht musste, weil er von seiner Exfreundin verklagt worden war. Die Zeichnung begann mit dem jungen Mann, Bernard, in einem *Lichtkreis*, gefolgt von seiner Exfreundin, die ich ebenfalls in einen *Lichtkreis* setzte. Dann fügte ich noch die Anwälte der beiden und den Richter hinzu, alle umgeben von *Lichtkreisen*. Abschließend umgab ich die gesamte Personengruppe mit einem Lichtkreis. Ich würde sagen, dass dies die erste Version der *Strichmännchen-Technik* war, die übrigens zu einem sehr guten Ergebnis führte.

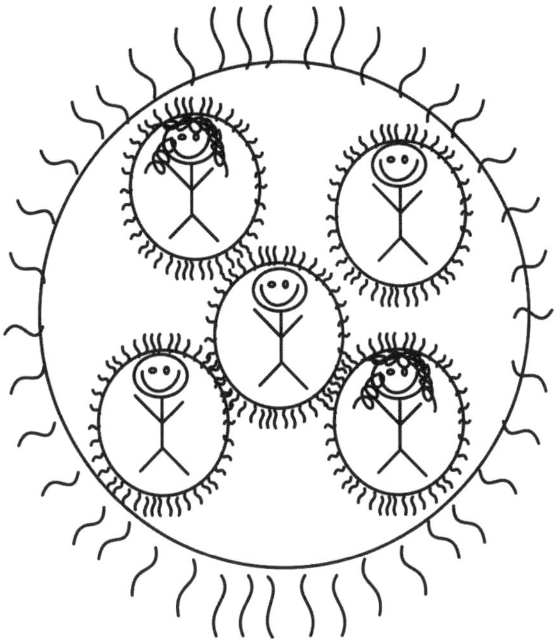

Später änderte ich die Technik und anstatt mehrere Personen auf einmal zu verwenden, nahm ich nur jeweils zwei: mich selbst und eine andere Person. Neu war, dass ich nun **bewusste** und unbewusste Verbindungen hinzufügte, in Form von Linien zwischen meinen sieben Energiezentren und denen der anderen Person. Von diesem Punkt an entwickelte ich den zweiten Teil der **Strichmännchen-Technik**, die nun insgesamt aus den in diesem Buch beschriebenen sieben Schritten besteht.

Wie die Technik funktioniert und welche Ergebnisse sie bringt

Die Technik wirkt offenbar in den meisten Fällen auf der unbewussten Ebene. Wenn ich beispielsweise Kritik nicht mag oder das Gefühl habe, dass eine Person mich ständig kritisiert, dann sende ich unbewusst die Botschaft aus: „*Zeig mir, dass ich recht habe mit meinem Glauben, dass es nicht in Ordnung ist, kritisiert zu werden.*" Mein Gegenüber sendet mir dann – ebenfalls auf der unbewussten Ebene – folgende Botschaft: „*Jacques, du weißt, wie sehr ich dich* **liebe**, *und daher werde ich dir zeigen, dass du zu Recht glaubst, dass das Kritisieren von anderen nicht in Ordnung ist … Ich werde mir größte Mühe geben, dich so häufig wie möglich zu kritisieren.*"

Wenn ich die **Strichmännchen-Technik** einsetze, sende ich diese Botschaft nicht mehr an den anderen aus und häufig ändert die Person daraufhin ihr Verhalten – **nicht, weil ich etwas getan habe, um sie zu beeinflussen, sondern, weil die Information, die sie von mir empfängt, nun eine andere ist**. Ich sende die ursprüngliche Botschaft nicht mehr aus, also ändert sich auch mein Gegenüber. So funktioniert, kurz gefasst, die Technik.

Ich habe selbst mit der *Technik* für mein eigenes Leben experimentiert und damit erstaunlich gute Erfolge erzielt. Im Juni 2014 habe ich beispielsweise die *Strichmännchen-Technik* für mich und mehrere andere Personen eingesetzt. Dabei ging es um ein Muster, eine bestimmte Situation, die in Abwandlungen immer wieder auftrat. Es begleitete mich schon lange Zeit. Dank dieser Technik, die ich bei jeder der involvierten Personen anwendete, konnte ich mich von diesem Muster befreien, das mich 30 Jahre lang gequält hatte!

Bei den Workshops für Persönlichkeitsentwicklung, die ich in den letzten Jahren gehalten habe, ist das Zeichnen von *Strichmännchen* zum festen Bestandteil geworden. Jeder Teilnehmer macht die Übung mit sich und mir als dem Workshop-Leiter, denn häufig wird die Person, die den Workshop leitet, als eine Art Heilsbringer angesehen, der „alles in Ordnung bringen und alle Fragen beantworten kann".

So entsteht vielfach bewusst oder unbewusst eine Bindung und Abhängigkeit der Teilnehmer in Bezug auf den Workshop-Leiter. Manchmal stellte sich, wenn die Teilnehmer diese Übung zu Beginn des Workshops durchführten, bei einigen Übelkeit oder Schwindel ein – Zeichen für die häufig unbewusste Verstrickung mit der Leitung. Diese muss aufgelöst werden, damit der Leiter frei ist, den Workshop auf seine eigene Art zu geben.

Bislang ist die Geschichte der *Strichmännchen-Technik* eine Erfolgsgeschichte. Anfang 2015 stellten wir fest, dass die beiden Videoclips, die diese *Technik* erklären, auf verschiedenen Plattformen im Internet von über 500.000 Personen angesehen wurden, was bedeutet, dass vermutlich Tausende Menschen diese Übung gemacht haben. Wir erhalten häufig Kommentare, die darauf hindeuten, dass einige Menschen bereits unmittelbar im Anschluss an die Übung Ergebnisse erhalten, weil ihr Unterbewusstsein 90 Prozent dessen, was sie schreiben und visualisieren, aufnimmt und erkennt. **Es ist wichtig, die Übung schriftlich durchzuführen, damit das Unterbewusstsein die Information aufnimmt.** Die Effektivität dieser Technik, die **automatisch** auf der Ebene des Unterbewusstseins arbeitet, beruht nicht zuletzt darauf, **dass für das Unterbewusstsein alles möglich ist.**

Das ist das Geheimnis dieser Technik!

Ein Wort zu den Autoren dieses Buches

Ich akzeptiere ↓♥, dass *Lucie Bernier* und *Robert Lenghan* das vorliegende Buch über die *Technik* schreiben, weil sie mein Vertrauen genießen und die Technik bereits selbst seit mehreren Jahren anwenden. Dieses Buch wird vielen Menschen helfen. Beide Autoren kennen mich und meine Arbeit schon seit geraumer Zeit, mit Lucie Bernier verbindet mich darüber hinaus eine langjährige Zusammenarbeit. Ich bin sicher, dass dieses Buch allen, die es lesen und die Technik selbst anwenden, nützlich sein wird.

Rechtlicher Hinweis

Der Name der Technik wurde urheberrechtlich geschützt*, um sicherzustellen, dass keine Änderungen an der Technik oder der Weise, wie sie anderen gezeigt wird, vorgenommen werden. Jegliche Abwandlung der Technik könnte im Übrigen dazu führen, dass sie ihre Wirkung ganz oder teilweise verliert, sodass Menschen behaupten könnten, „*Jacques Martels* **Strichmännchen-Technik** funktioniert nicht besonders gut".

Leser können die Technik nahestehenden Personen wie Freunden und Familie zeigen. Dabei ist es jedoch äußerst wichtig, **die sieben Schritte in der richtigen Reihenfolge durchzuführen**. Die Übung muss zu Beginn immer so einfach wie möglich gehalten werden. Auch sollte sie nicht um persönliche Zusätze ergänzt werden, wie beispielsweise das Zeichnen der Verbindungslinien zwischen den Energiezentren in verschiedenen Farben, das Durchführen der Übung an 21 aufeinanderfolgenden Tagen, das Einfügen weiterer Informationen in den **Licht**kreis und so weiter. Auch wenn einige Elemente interessant sein mögen, könnte dies eine Person glauben lassen, dass bestimmte Bedingungen zwingend erforderlich sind, obwohl dies tatsächlich *nicht* der Fall ist.

---

* La Technique des Petits Bonshommes Allumettes®
The Little Stick Figures Technique®

Das vorliegende Buch soll vor allem die Fragen beantworten, die wir in den vergangenen Jahren zur **Strichmännchen-Technik** erhalten haben. Daher freuen wir uns, wenn das Buch weite Verbreitung findet, damit möglichst keine Fragen offenbleiben und alle, die diese Technik nutzen, dies auf möglichst effektive Weise tun können.

KAPITEL 2

Grundlagen für die Anwendung der Technik

Wer kann die Technik einsetzen?

Die *Technik* soll in ihrer Anwendung sowohl **effektiv** als auch **einfach** sein. Die Strichmännchen erinnern an Kinderzeichnungen, und sie sollen auch entsprechend einfach und aus dem Herzen♥ heraus gezeichnet werden, ohne Einsatz des Verstandes. Deshalb kann die Technik auch unabhängig vom Alter von nahezu jedem genutzt werden. (Auf den Seiten 89–93 ist beschrieben, ab welchem Alter Kinder die Technik anwenden können und wie man sie einem Kind beibringt.)

Unter welchen Voraussetzungen kann ich die Technik anwenden?

Die *Technik* kann auf jede Situation angewendet werden:

Eine als negativ empfundene Situation: Eine Situation, in der ich Unbehagen verspüre, es einen Konflikt gibt, ich enttäuscht bin, etwas nicht geklärt ist, ich frustriert bin und so weiter. Kurz gesagt: jede Situation, bei der es für mich wichtig ist, dass sie sich harmonischer gestaltet und ich mich besser damit fühle.

Eine als positiv empfundene Situation: Auch wenn ich grundsätzlich in Bezug auf meine Beziehung, meine Familie und meinen Arbeitsplatz glücklich bin, gibt es in der Regel noch Verbesserungspotenzial. Auch kann es vorkommen, dass ich mit Menschen, die ich **liebe**, emotionale Verstrickungen und Abhängigkeiten empfinde und es die Beziehung zu ihnen verbessert, wenn ich diese mithilfe der Übung auflöse. So kann ich dafür sorgen, dass mich mit der Person allein **Liebe** verbindet, unbelastet von Ängsten und Abhängigkeiten.

Die fünf wichtigsten Regeln für einen effektiven Einsatz der Technik

Es gibt fünf Regeln, die ich beim Einsetzen der *Technik* strikt einhalten muss, um optimale Ergebnisse zu erzielen. Alles andere ist zweitrangig. Diese fünf Regeln lauten:

1. **Ich wünsche mir das, WAS FÜR MICH UND DIE ANDERE PERSON DAS BESTE IST. (Einstellung und Intention)**
2. **Ich wende die Technik immer AUF PAPIER AN.**

3. **Ich führe die sieben Schritte in der IM BUCH ANGEGEBENEN REIHENFOLGE durch.**
4. **ICH ZEICHNE MICH SELBST IMMER ZUERST und dann erst die andere Person oder Situation. Ich führe die Technik nie nur für zwei andere Personen durch, sondern bin immer selbst in der Zeichnung vertreten.**
5. **Ich achte beim Zeichnen der Linien, die Verstrickungen und Abhängigkeiten symbolisieren, stets darauf, dass ALLE SIEBEN LINIEN vorhanden sind.**

Im Verlauf dieses Buchs wird immer wieder an diese fünf zentralen Regeln erinnert. Sie sind unverzichtbar für das Erzielen optimaler Ergebnisse und sorgen zudem dafür, dass die Übung mit der richtigen Geisteshaltung durchgeführt wird. Jede Regel wird noch im Detail erläutert.

Mentale und emotionale Vorbereitung vor dem Einsatz der Technik

Wie bereits weiter oben erwähnt, möchte ich das Beste für alle Beteiligten und ich verfolge keine bestimmte Absicht. Ich übergebe meinem Unterbewusstsein und der göttlichen Energie die Macht zu entscheiden, was für mich und andere das Beste ist und geschehen wird.

Es ist nicht notwendig, sich vor der Übung in irgendeiner speziellen Weise vorzubereiten. Manche Menschen führen sie allerdings gerne wie eine Art Ritual durch und meditieren zuvor oder nehmen einige tiefe Atemzüge, um sich auf die Übung einzustimmen, sich zu konzentrieren und stärker präsent zu sein. Wenn ich mir angewöhne, die Übung regelmäßig durchzuführen, kann ich ein eigenes zugehöriges Ritual entwickeln (Mantra, Gebet, Meditation, Räucherstäbchen, besondere Musik und so weiter). All dies ist in Ordnung, aber keine Voraussetzung für das Funktionieren der Methode.

Ich muss abgesehen von den fünf bereits erwähnten Regeln keine weiteren Voraussetzungen erfüllen.

Warum zeichne ich immer zuerst mich und erst dann die andere Person beziehungsweise Situation?

Wenn ich versucht bin, die Übung für zwei andere Personen zu machen, ohne mich einzubeziehen, und wenn ich dies dann auch noch an ihrer statt mache, ohne ihre Anwesenheit oder Erlaubnis, dann habe ich einen starken Impuls, diese Personen und die Situationen, die sie erleben, kontrollieren zu wollen. Selbst wenn ich dabei beste Absichten verfolgen sollte, habe ich keinerlei Recht, in das Leben anderer einzugreifen. Aus diesem Grund muss ich immer Teil der Übung sein und IMMER wie in Abbildung 1 gezeigt zuerst mich selbst zeichnen.

Nehmen wir beispielsweise an, dass ich mir Sorgen um die Beziehung meiner Tochter **Fabienne Bernier** zu ihrem Ehemann **Pierre Deschamps** mache. Was ich in diesem Fall **nicht tun** kann, ist Folgendes:

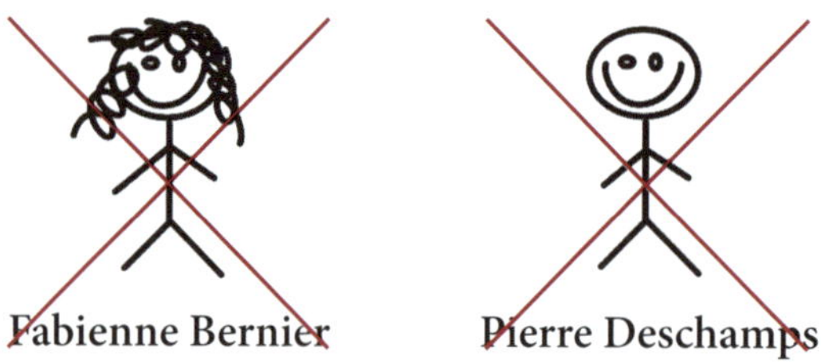

Stattdessen muss ich die **Strichmännchen** wie folgt zeichnen:
Zuerst zeichne ich mich und Fabienne Bernier:

ICH (Vor- und Nachname) **Fabienne Bernier**

Als Nächstes zeichne ich mich und Pierre Deschamps:

ICH (Vor- und Nachname) **Pierre Deschamps**

Was auch immer sich zwischen Fabienne und Pierre abspielt, geht mich nichts an, denn es betrifft ihre Lebenserfahrungen, und die gehören allein ihnen. Dadurch, dass ich die Übung mit beiden auf die oben gezeigte Weise durchgeführt habe, projiziere ich meine Ängste nun nicht mehr auf ihre Paarbeziehung und habe so ihre Chancen erhöht, die Situation zu klären oder sich ihrer zumindest stärker **bewusst** zu werden.

Es ist verboten, die Übung für zwei andere Menschen durchzuführen, ohne dass ich mich selbst einbeziehe. Ich habe kein Recht, mich ohne Erlaubnis in das Leben anderer einzumischen. Das nennt man „Weiße Magie" und man zahlt immer einen Preis dafür.

Der Name „Weiße Magie" steht für eine Reihe von – häufig ritualisierten – Techniken, die es dem Ausübenden ermöglichen sollen, durch bestimmte Phänomene das Schicksal oder Verhalten einer anderen Person zu beeinflussen. Ganz gleich, wie „nobel" meine Absichten dabei sind, ich habe kein Recht, mich ohne Zustimmung eines anderen in dessen Leben einzumischen, weil ich immer einen Preis dafür zahle. (Wenn ich beispielsweise andere kontrollieren möchte, ziehe ich dadurch Situationen an, in denen andere mich kontrollieren werden.) Das Gleiche gilt natürlich für die sogenannte „Schwarze Magie", die eher durch Gefühle wie Rachlust bestimmt wird und bei der man negative Auswirkungen auf andere Menschen oder Situationen anstrebt. Jeder von uns hat seine eigenen Erfahrungen zu durchleben. Wenn ich steuern möchte, was im Leben anderer geschieht, stehe ich in ABHÄNGIGKEIT zu ihnen. Diese Abhängigkeit hat mit einer bestimmten Angst oder mehreren Ängsten in Bezug auf die Erfahrungen der jeweiligen Personen zu tun. Stattdessen sollte ich in meinem Herzen♥ akzeptieren ↓♥, was geschieht, und offen sein für die Lektionen, die ich daraus lernen kann.

Es ist wichtig, die notwendige Weisheit zu entwickeln, um anderen Menschen vorurteilsfrei zu begegnen. Indem ich offen bleibe für das, was geschieht – auch wenn ich es nicht verstehe und vielleicht traurig bin, dass dem anderen so etwas widerfährt –, kann ich aus verschiedenen Situationen etwas fürs Leben lernen, ohne dass ich sie selbst durchlaufen muss. Das bedeutet nicht etwa, dass ich unsensibel bin oder andere mir egal sind. Es geht vielmehr darum, offen und neutral zu bleiben und das Geschehen nicht zu bewerten. Dabei kann die **Strichmännchen-Technik** eine große Hilfe sein!

Ein wichtiges spirituelles Gesetz lautet: Alles, was ich nicht akzeptiert ↓♥ habe, ziehe ich an, nehme ich an oder projiziere es auf andere.

Mit anderen Worten: Wann immer ich eine Person oder Situation bewerte, werde ich früher oder später gezwungen sein, das Gleiche zu erleben, damit mir die Tatsache **bewusst** wird, dass alle Situationen nur unserer **Bewusstwerdung** dienen. Das ist alles! Die Dinge sind weder gut noch schlecht, es geht allein um Erfahrungen. Und je losgelöster ich von einer Situation bin, je weniger ich bewerte und in die Angst gehe, umso mehr lebe ich in Offenheit und verspüre bedingungslose **Liebe** – und das ist die Voraussetzung für wahre **Freiheit**!

Was passiert, wenn ich die Übung für einen negativen Zweck verwende?

Die Intention, mit der ich die Technik einsetze, und das verfolgte Ziel sind sehr wichtig. Wenn ich sie verwende, um anderen zu schaden – beispielsweise, um eine Wahl in meinem Sinne zu beeinflussen –, wenn ich also Gott spielen und Personen und Situationen kontrollieren möchte, tritt das Gesetz von Ursache und Wirkung in Kraft und das Ganze wird auf mich zurückfallen. Dieses spirituelle Gesetz gilt im Übrigen nicht nur für diese *Technik*, sondern universell für alles in unserem Leben.

Macht habe ich immer nur über mich selbst und niemand anderen.

Wenn meine Einstellung negativ ist, kann es sein, dass sich die gewünschten Ergebnisse nicht zeigen oder sogar das Gegenteil eintritt. Handele ich jedoch nach bestem Wissen und Gewissen und strebe wirklich das an, was am besten für mich und die andere Seite ist, **kann ich nichts falsch machen** und es kann nur Gutes daraus erwachsen.

Es ist besser, etwas mit einer guten Einstellung zu tun, als gar nichts zu tun.

Gibt es irgendwelche Gegenanzeigen oder Risiken beim Einsatz dieser Methode?

JA, diese gibt es durchaus, und das betrifft wie oben ausgeführt die **Einstellung** und das **Ziel**, die meinem Einsatz der Technik zugrunde liegen. Manchmal möchten wir Situationen oder Menschen aus Angst oder aus einem Missverständnis heraus kontrollieren. Es muss ganz klar sein, dass die Haltung, mit der ich die Übung durchführe, folgende ist: **Ich wünsche mir das, was für mich und die andere Person im Rahmen unserer Entwicklung das Beste ist.** Genau dafür stehen die drei **Licht**kreise.

Ich wünsche mir das Beste für mich
(auch wenn ich nicht weiß, was es ist).
Ich wünsche mir das Beste für die andere Person
(auch wenn ich nicht weiß, was es ist).
Ich wünsche mir das Beste für uns beide
(auch wenn ich nicht weiß, was es ist).

Tatsächlich ist es gut möglich, dass das „Beste für mich" etwas ganz anderes ist als das, was ich selbst mir wünsche. Wenn ich beispielsweise die **Strichmännchen-Technik** einsetze für mich und eine andere Person, die ich anziehend finde und mit der ich gerne eine Beziehung hätte, dann garantiert das Durchführen der Übung nicht, dass wir eines Tages ein Paar sind. Sicher ist allerdings, dass ich durch die Übung auf nicht anhaftende Weise eine Bitte an das Universum (das Leben) sende und mich von **bewussten** oder unbewussten Verstrickungen mit dieser Person befreie. Denn wenn ich „unbedingt" mit dieser Person eine Paarbeziehung haben möchte, dann sage ich damit gleichzeitig: *„Diese Person ist die einzige, die mich glücklich machen kann"* – und das stimmt natürlich nicht! Vielleicht habe ich Angst, dass diese Person mich nicht als Partner will und ich dadurch etwas „verliere" oder „verpasse". Was ich nicht bedenke oder weiß, ist, dass vielleicht in meiner Nähe ein anderer Mensch lebt, der womöglich noch besser zu mir passen würde und den ich noch gar nicht kennengelernt habe! Und wenn es für meine Entwicklung tatsächlich förderlich sein sollte, dass ich einer Person näherkomme, dann unterstützt die *Technik*, dass dies eintritt!

Wenn ich also jemand anderen kontrollieren möchte, wird das Leben mir Situationen schicken, in denen ich kontrolliert werde beziehungsweise die Kontrolle verliere. So funktioniert Karma*! Und es wirkt nicht nur beim Einsatz der *Technik*, sondern gilt an jedem Tag für jede Handlung und jeden Gedanken.

Es hat tatsächlich einmal eine Person einer guten Freundin versprochen, dass sich beim Anwenden der Technik auf einen ihr nahestehenden Freund die gemeinsame Freundschaft in **Liebe** verwandeln würde.

* Das Gesetz des Karma: Ein spirituelles Gesetz, das besagt, dass alle meine Handlungen und Gedanken (ob positiv oder negativ) bewirken, dass Handlungen oder Gedanken derselben Art zu mir zurückkommen. Man bezeichnet dies auch als Gesetz von *Ursache und Wirkung*. Dieses Gesetz gilt für jeden, ganz gleich, ob ich mir seiner bewusst bin oder nicht.

DAS STIMMT SO NICHT! Erstens kann man bei dieser Technik kein bestimmtes Ergebnis voraussagen, denn dies würde bedeuten, dass man die Ereignisse kontrollieren möchte, und das ist Verstricktsein und keine **Liebe**. Zweitens ist diese Technik kein Zauberstab, für den gilt: „*Ich muss einfach nur die Übung machen und schon werden alle meine Wünsche, egal, ob gut oder schlecht, erfüllt.*" **SO FUNKTIONIERT ES NICHT!** Was passieren wird, entscheidet nicht die Person, die die Übung mit ihrem begrenzt denkenden Ego durchführt, sondern die göttliche Energie, das höhere Selbst oder welchen Namen auch immer ich der höheren Macht geben möchte.

Die Verstrickung und die Abhängigkeit, die ich gegenüber einer Person verspüre, kontrollieren mich im täglichen Leben und leiten mich zu falschen Lösungen. Verstrickungen und Abhängigkeiten trüben mein Urteilsvermögen, ohne dass mir dies bewusst ist. Sie legen mir in meinem Umgang mit anderen Fesseln an, insbesondere, wenn es sich um meinen Lebenspartner oder meine Familie handelt. Es wäre interessant zu wissen, wie viele Menschen sich in Paarbeziehungen befinden, die auf gegenseitigen Verstrickungen und Abhängigkeiten basieren anstatt auf wahrer und freier **Liebe**, die die Partner füreinander empfinden. Das ist auch der Grund, warum manchmal jemand mithilfe der *Technik* einer anderen Person näherkommen wollte, dann jedoch das Gegenteil passierte. Wie kann dies sein? Nun, durch das Durchtrennen der zuvor vorhandenen Verstrickungen und Abhängigkeiten war plötzlich nichts mehr da, das sie zusammengehalten hätte! Es gab nicht genug **Liebe** zwischen beiden und so konnten sie nicht auf eine Weise zusammenbleiben, die für beide förderlich gewesen wäre. *Die Trennung war in diesem Fall das Beste für beide Personen und ihre Entwicklung!*

Menschen verharren häufig aufgrund von Verstrickungen und Abhängigkeiten in für sie schädlichen Beziehungen, ohne sich dessen bewusst zu sein.

Wenn ich die positive Haltung einnehme, dass ich das Beste für mich selbst und die andere Person möchte, bin ich immer bestens geführt und geschützt, und die andere Person ebenso.

Es ist wichtig, Vertrauen in die Übung zu haben und in eine Macht, die jenseits meines persönlichen Willens wirkt.

Warum muss die Technik mit Stift und Papier durchgeführt werden?

Warum muss ich Figuren auf ein Stück Papier zeichnen, anstatt mir die Personen einfach im Kopf vorzustellen? Dies hat folgende Gründe:

Mein Unterbewusstsein erinnert sich an 90 Prozent dessen, was ich visualisiere, und zwar SPEZIELL AN DAS, WAS ICH SCHREIBE.

Wenn ich schreibe, verwandeln sich meine Gedanken in etwas Greifbares und meine Bitte wird klarer. Ich richte meine gesamte Aufmerksamkeit auf das, was ich tue, und bin Teil eines aktiven Transformationsprozesses. Ich kann beobachten, wie ich mich fühle, ob ich einen inneren Widerstand gegen das Durchführen der Übung habe, mich beim Durchtrennen der Schnüre unbehaglich fühle und so weiter. Ich verwende alle meine Sinne, und das macht den Prozess wesentlich kraftvoller.

Wenn ich mein Auto betanken möchte, reicht es dann aus, mir den Vorgang einfach nur im Kopf vorzustellen, oder sollte ich besser doch zur Tankstelle fahren und den Zapfhahn in die Hand nehmen? Welche Methode zeitigt die besseren Ergebnisse?

Ich habe festgestellt, dass jedes Mal, wenn ich entschied, die Übung im Kopf auszuführen, ich unbewusster etwas ausweichen wollte. Ich wußte dann zwar, dass die Übung gut für mich sein würde, aber etwas an der Person oder Situation, um die es ging, wollte ich nicht loslassen. Verstrickung bewirkt manchmal, dass man an einer Person oder auch Dingen oder Ideen „festklebt" und eigentlich nicht gewillt ist, seine Komfortzone zu verlassen. Daher ist es wichtig, die Übung mit offenem Herzen♥ zu machen und nicht nur aus dem Kopf heraus, denn dann laufe ich Gefahr, die Ergebnisse kontrollieren zu wollen. Eventuell erschaffe ich sogar eine Situation, in der die Übung keine Wirkung zeigt – so, wie ich es insgeheim erhoffe (aber nicht zugeben würde!).

Besonders wichtig ist das Durchführen der Übung auf schriftliche Weise, wenn ich die *Technik* zum ersten Mal anwende. Auch wenn sie an sich sehr simpel ist, habe ich es schon erlebt, dass Menschen anderen die Methode auf abgeänderte oder unvollständige Weise gezeigt haben.

Es ist von entscheidender Bedeutung, die sieben Schritte in der vorgegebenen Reihenfolge durchzuführen, um optimale Ergebnisse zu erzielen.

Schließlich arbeiten wir hier auf der Ebene des Unterbewusstseins.

Weil das Gehirn nicht unterscheiden kann, was real, imaginär, virtuell oder symbolisch ist, sieht es die Information als real an und nimmt die erforderlichen Anpassungen vor.

Wenn ich also meinem Unterbewusstsein die richtige Anweisung schicke, stehen die Chancen besser, dass ich ein gutes Ergebnis erziele. Beim Radio muss ich schließlich auch die richtige Frequenz einstellen, um eine störungsfreie Übertragung zu gewährleisten.

Wenn ich die Technik mit den sieben Schritten anwende und die fünf Regeln für den Erfolg einhalte, kann ich bereits in den nachfolgenden Sekunden ein Ergebnis spüren, selbst wenn die andere Person sich am anderen Ende der Erde aufhält. Zeit und Entfernung spielen keine Rolle, weil alles auf der Ebene des Unterbewusstseins stattfindet. Es ist so, als wären die Gehirne aller rund sieben Milliarden Menschen auf der Erde irgendwie miteinander vernetzt. Ähnlich wie ein Radio mit einem eingestellten Sender verbinden wir uns während der Übung mit einer bestimmten Person oder Personengruppe. Durch die Übung nutze und verstärke ich die Frequenz, die uns verbindet. Und ich vertraue meinem Unterbewusstsein die Aufgabe an, alles Notwendige zu tun, um die Schnüre der Verstrickung und Abhängigkeit zu durchtrennen, die uns zuvor verbunden haben.

Sobald ich die Technik zehn oder zwanzig Mal angewendet habe, wird mein Verstand die Schritte zuverlässig gespeichert haben und ich kann sie durchführen, ohne jedes Mal im Buch nachschlagen zu müssen. Ich kann mich zudem immer auf Seite 56 beziehen, die eine gute visuelle Zusammenfassung der Schritte bietet.

Eine Ausnahme: Durchführen der Übung im Kopf

Ich war einmal unterwegs zu einer Verabredung und kurz bevor ich an meinem Zielort ankam, verspürte ich den inneren Drang, die Übung durchzuführen. Da weder Papier noch Stift zur Hand war, beschloss ich, die Übung im Kopf zu machen, und zwar mit mir selbst und der Person, die ich treffen wollte. **Und ich glaubte fest daran, dass es funktionieren würde!** Nachdem ich die Übung schon häufig auf Papier gemacht hatte, standen mir die einzelnen Schritte klar vor Augen. Das Gespräch verlief sehr gut.

Ich stellte mir zuerst mich selbst vor und dann mir gegenüber die Person, die ich gleich treffen würde. Dann setzte ich zuerst mich selbst in einen *Lichtkreis* und anschließend die andere Person. Zum Abschluss stellte ich mir noch einen *Lichtkreis* um uns beide herum vor.

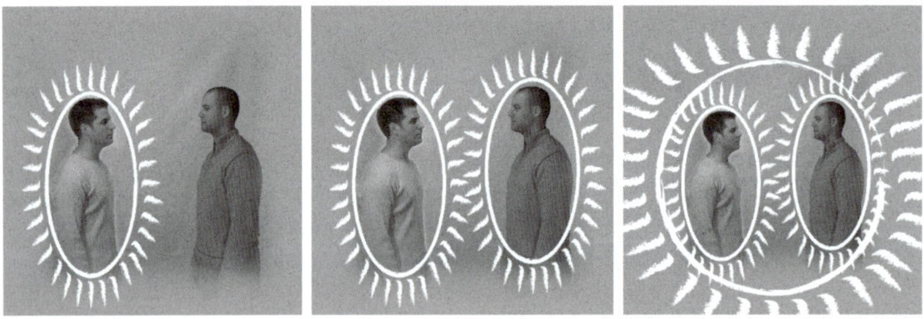

Es ist immer besser, etwas zu tun, als gar nicht aktiv zu werden! Aber das entschuldigt nicht, die Übung nicht auf einem Stück Papier mit allen sieben Schritten durchzuführen, obwohl die Umstände es erlauben. **Tatsächlich zeigt die Technik am meisten Wirkung, wenn sie auf Papier durchgeführt wird.**

Welches Material benötige ich für die Übung?

1. Ein weißes Blatt Papier oder Pergamentpapier.
   Es ist wichtig, dass das Papier rein weiß ist, also weder liniert noch kariert ist. Die Tatsache, dass ich eine leere Seite vor mir habe, ermöglicht es meinem Unterbewusstsein, ein klar abgestecktes Bild von dem zu haben, was ich möchte. Liniertes oder kariertes Papier lenkt das Unterbewusstsein ab und lässt die Zeichnung weniger klar erscheinen.
   Wenn Sie buntes Papier benutzen möchten, wählen Sie eine helle Pastellfarbe.
2. Vorzugsweise einen Bleistift. Kohle, ein schönes und edles Zeichenmaterial, kann ebenso verwendet werden; ein Kugelschreiber geht natürlich auch. Einige verwenden gerne verschiedenfarbige Buntstifte, um die sieben Verbindunglinien in der jeweils zum Energiezentrum (Näheres dazu ab Seite 50) passenden Farbe zu zeichnen, aber das ist *nicht zwingend erforderlich.*
3. Eine Schere. Wenn ich gerade keine zur Hand habe, kann ich das Blatt Papier auch mit den Händen durchreißen.

Nahezu die gesamte Arbeit wird von meinem Unterbewusstsein übernommen, da es sich um symbolische Arbeit handelt. Ich muss einfach nur zulassen, dass mein Kopf und meine Gefühle ihre Arbeit machen. Mein Unterbewusstsein arbeitet immer zu meinem Besten!

KAPITEL 3

Die sieben Schritte der Technik

Wie bestimme ich die Situation und die beteiligten Personen?

Ich nehme beispielsweise eine Situation, die mich frustriert, die mich traurig oder wütend macht oder in der andere Emotionen eine Rolle spielen, die ich in Verbindung mit einer anderen Person als negativ empfinde. Eine Situation, in der etwas nicht stimmt, ich etwas als unbefriedigend empfinde oder die ich gerne zum Positiven wenden würde. **Es ist unbedingt erforderlich, dass ich an der Situation beteiligt bin.** Deshalb muss ich immer **zuerst mich selbst zeichnen** und dann erst die andere Person (oder Situation) hinzufügen. (Ab Seite 57 wird erklärt, wie man die Übung mit sich selbst und einer Situation anstatt einer Person durchführt.)

Wenn ich beispielsweise die Beziehung zu meinem Ehepartner verbessern möchte, zeichne ich
MICH mit meinem Ehemann:

Lucie Bernier **Larry Ricker**

Möchte ich die Beziehung zwischen mir und meinem Vater verbessern, zeichne ich
MICH mit meinem Vater:

Lucie Bernier **Fernand Bernier**

Zur Verbesserung der Beziehung zu meinem Chef zeichne ich
MICH und meinen Chef:

Lucie Bernier **Robert Lenghan**

Möchte ich mein Haus verkaufen, zeichne ich
MICH und den Verkauf meines Hauses:

Lucie Bernier

Verkauf meines Hauses ← **Genaue Angabe der Adresse, des Angebotspreises und des gewünschten Umzugsdatums**

Wenn ich mich innerlich von meinem kranken Haustier lösen möchte, zeichne ich
MICH und mein krankes Haustier:

Lucie Bernier

Milou*

Möchte ich stärker im Einklang mit einem Aspekt meiner Persönlichkeit sein, zeichne ich
MICH und den Aspekt meiner Persönlichkeit:

Lucie Bernier voller Freude

Lucie Bernier voller Traurigkeit

* Wie man die Technik für ein Tier durchführt, wird auf Seite 175 genau erklärt.

Oder ich zeichne
MICH und eine bestimmte Situation:

Lucie Bernier

Mein Ruhestand

....

Oder **MICH** und einen bestimmten Gedanken:

Lucie Bernier
Reichtum

Lucie Bernier
Armut

....

Oder **MICH** und ein bestimmtes materielles Ziel:

Lucie Bernier

Schlüssel finden

....

Und so weiter …

Ich zeichne *immer zuerst mich selbst* auf die linke Seite des Blattes und dann erst die andere Person oder Situation auf die rechte Seite.

Wenn sich beispielsweise meine beiden Kinder, Fabienne und Victor Bernier, ständig streiten, kann ich nicht einfach die Kinder zeichnen, ohne mich selbst einzubeziehen.

Ich habe *kein Recht,* mich in ihre Leben einzumischen, auch wenn ich die beiden sehr liebe.

Das wäre so, als wollte ich ihre Leben kontrollieren, und das bedeutete nichts anderes als Verstrickung, Abhängigkeit, Kontrolle und Erwartungen. Ich könnte allerdings nacheinander die beiden folgenden Übungen machen:

Lucie Bernier

Fabienne Bernier
(1. Kind)

Lucie Bernier

Victor Bernier
(2. Kind)

Gleiches gilt für den Fall, dass ich ein Enkelkind habe und eine Situation erkenne, die das Enkelkind und seine Mutter (also meine Tochter) betrifft. In diesem Fall **kann ich nicht** die Übung machen und dabei meine Tochter auf die linke und mein Enkelkind auf die rechte Seite des Blattes setzen. Stattdessen sollte ich Folgendes zeichnen:

Mich auf der linken Seite und meine Tochter auf der rechten Seite
und dann:
Mich auf der linken Seite und mein Enkelkind auf der rechten Seite.

Ich kann anschließend die sieben Schritte für jedes Enkelkind einzeln ausführen.

In den nachfolgenden beiden Kapiteln zeigen viele Beispiele, wie ich die Elemente auswähle, die zu zeichnen sind.

Schrittweise Erklärung der Strichmännchen-Technik

Nachfolgend werden die sieben Schritte der **Strichmännchen-Technik** erklärt. **Sie müssen stets in der hier vorgegebenen Reihenfolge durchgeführt werden.**

Die ersten fünf Schritte bestehen darin, die beiden Figuren zu zeichnen und sie zuerst in einzelne Lichtkreise und dann in einen gemeinsamen **Licht**kreis zu setzen.

Bei den letzten beiden Schritten werden die **bewussten** und unbewussten Verbindungen von Verstrickung und Abhängigkeit zunächst eingezeichnet und dann durchtrennt.

Und hier noch einmal zur Erinnerung die fünf Regeln, die beim Einsatz der *Technik* beachtet werden müssen:

1. Ich wünsche mir das, *was für mich und die andere Person das Beste ist* (Grundhaltung und Intention).

2. Die *Technik* wird immer *schriftlich* auf Papier durchgeführt.
3. Ich verwende die sieben Schritte *immer in der in diesem Buch angegebenen Reihenfolge.*
4. Ich zeichne *mich selbst* immer zuerst, und dann erst die andere Person oder Situation. Ich führe die Technik nie für zwei andere Personen durch.
5. Ich achte beim Zeichnen der Linien, die die Energiezentren der Figuren auf der linken und rechten Seite verbinden und für Bindungen und Abhängigkeiten stehen, stets darauf, dass alle 7 Linien vorhanden sind.

Schritt 1

Zuerst zeichne ich *mich* selbst und schreibe meinen Vor- und Nachnamen unter das gezeichnete Strichmännchen.

Ich zeichne immer zuerst die Figur, die für mich steht. Dann schreibe ich genau wie in der Abbildung gezeigt meinen Vor- und Nachnamen unter die Figur.

Wenn ich verheiratet bin, kann ich meinen jetzigen Familiennamen verwenden oder meinen Geburtsnamen.

Schritt 2

Nun zeichne ich die Figur der *anderen* Person und setze dann deren Vor- und Nachnamen darunter.

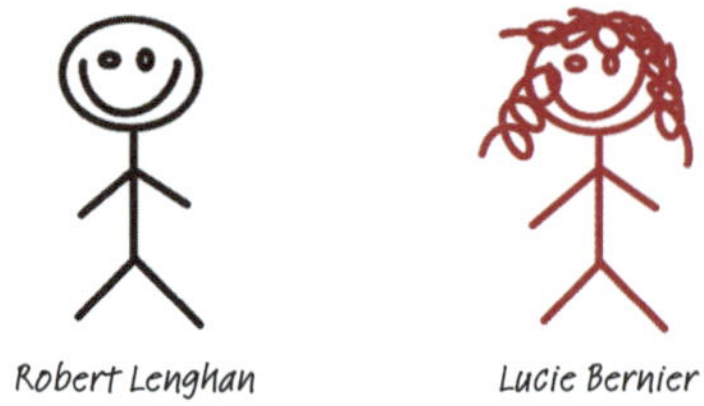

Nachdem ich im ersten Schritt mich gezeichnet habe, kommt nun die andere Person hinzu, deren Beziehung zu mir ich verbessern möchte. Wenn der Name der Person beispielsweise Lucie Bernier ist, notiere ich diesen unter der gezeichneten Figur.

Schritt 3

Nun ziehe ich einen Kreis um das Strichmännchen, das mich symbolisiert, und versehe ihn rundherum mit **Licht**strahlen, sodass ein **Lichtkreis** entsteht.

Die **Licht**strahlen um mich herum zeigen, dass dieser Kreis leuchtet und **Licht** ausstrahlt. Indem ich mich in diesen **Licht**kreis setze, drücke ich aus: **Ich wünsche mir das, was für mich das Beste ist**, auch wenn ich nicht genau weiß, was es ist.

Schritt 4

Nun ziehe ich einen **Lichtkreis** um die *andere* Person.

Die Lichtstrahlen um die andere Person herum zeigen, dass dieser Kreis leuchtet und **Licht** ausstrahlt. Indem ich den anderen in diesen **Lichtkreis** setze, drücke ich aus: **Ich wünsche mir das, was für den anderen das Beste ist,** auch wenn ich nicht genau weiß, was es ist.

Schritt 5

Ich ziehe jetzt einen **Lichtkreis** um beide Personen herum.

Damit tauche ich symbolisch die ganze Situation in **Licht**. Außerdem bedeutet es, **dass ich mir das wünsche, was für uns beide das Beste ist,** auch wenn ich nicht genau weiß, was es ist.

Wir haben nun fünf der insgesamt sieben Schritte abgeschlossen. Bevor es weitergeht, schauen wir uns die bisher entstandene Zeichnung noch einmal genauer an. Die erste Figur symbolisiert, dass ich mich selbst ins **Licht** setze, um sicherzustellen, dass ich möglichst objektiv und im spirituellen Sinne „erleuchtet" bin.

Die zweite Figur soll gewährleisten, dass auch die andere Person mir gegenüber möglichst objektiv und im spirituellen Sinne „erleuchtet" ist. Zum Schluss setzen wir auch noch die Gesamtsituation ins **Licht**, sodass beide daran beteiligten Personen das erfahren, was aus spiritueller Sicht **das Beste für sie ist.**

Was Ablösung bedeutet und warum sie hilft

Was versteht dieses Buch unter *Verstrickung* und *Abhängigkeit* und warum sollte ich mich davon befreien?

Der Begriff *Abhängigkeit* deutet auf eine Beziehung hin, in der sich zumindest eine der beteiligten Personen ohne einen oder mehrere andere Menschen nicht frei entfalten und entwickeln kann. Wenn dies passiert, gebe ich einen Teil meiner **Freiheit** auf, denn durch meine Abhängigkeit bin ich nicht gänzlich eigenständig und werde – bewusst oder unbewusst – *von einem anderen Menschen bestimmt.*

Verstrickung entsteht infolge eines Mangelgefühls. Es ist meist durch Verletzungen, die ich in mir trage, begründet, oder durch meine bewussten und unbewussten Sehnsüchte oder Ängste. Verstrickung entsteht zum Beispiel, wenn ich Angst habe, etwas oder jemanden zu verlieren. Anstatt frei und losgelöst zu sein und einer Person **bedingungslose Liebe** entgegenzubringen, habe ich bewusst oder unbewusst das Gefühl,

Kontrolle über die Person ausüben zu müssen. Verstrickung und Abhängigkeit können sich häufig einschleichen, ohne dass ich es bemerke, und sie bestimmen dann häufig auf Kosten meines Wohlbefindens und meiner Integrität mein Handeln und meine Entscheidungen.

Leicht kommt es so zu Konflikten mit mir selbst und anderen, denn unter dem Einfluss von Verstrickung oder Abhängigkeit widersetze ich mich dem notwendigen Loslassen, weil ich Angst habe. Dahinter verbirgt sich in der Regel ein Mangel an Selbstbewusstsein und an Vertrauen in den anderen. Weil Verstrickung auf einer falschen Vorannahme beruht, verzerrt eine solche **Bindung** an eine andere Person sowohl die Realität als auch die Wahrheit.

Doch wovor genau habe ich denn eigentlich Angst?

Es gibt laut der „Gesetze des Erfolgs“ in dem gleichnamigen Buch von **Napoleon Hill** sechs grundlegende Ängste, aus denen sich alle anderen Ängste ableiten lassen.

Diese Ängste sind:

1. **Die Angst vor dem Tod**
2. **Die Angst vor Armut**
3. **Die Angst vor Kritik**
4. **Die Angst vor Krankheit**
5. **Die Angst vor dem Altwerden**
6. **Die Angst vor Liebesverlust**

Wenn keine dieser Ängste in meinem Leben vorhanden wäre, würde ich **bedingungslose Liebe** für alle Menschen um mich herum empfinden und anderen gegenüber weder **Verstrickung** noch **Abhängigkeit** erleben. Das Ergebnis wäre ein Leben **ohne Erwartungen**, denn ich wäre mit allen Aspekten meines Lebens und meiner selbst vollkommen zufrieden.

Als Mensch, der alle möglichen Erfahrungen macht – unter anderem solche, die emotionale Wunden zurücklassen –, entwickle ich irgendwann Schutz- und Verteidigungsmechanismen, um mich vor neuen Verletzungen zu bewahren. Verstrickung ist einer dieser Mechanismen.

Verstrickung ist unter Erwachsenen keine wahre **Liebe**, denn sie führt bewusst oder unbewusst dazu, dass ich die Beziehung kontrollieren will. Dies wiederum schränkt meine eigene **Freiheit** und die von anderen ein, selbst wenn ich nach bestem Wissen und Gewissen handele. Wenn ich an einer anderen Person anhafte, sage ich damit quasi: *„Ich brauche dich unbedingt für mein Überleben und damit ich mich sicher fühle"* – ganz so, als sei ich noch ein Kind und würde mich an meinen Vater oder meine Mutter wenden. Man glaubt dann auch als Erwachsener, weiter diese kindliche Form der Bindung leben zu müssen.

Wenn ich ehrlich mit mir bin und mir die Konfliktsituationen in meinem Leben anschaue, wird mir schnell klar, dass das, womit die andere Person mich versorgen soll, eigentlich etwas ist, das ich für mich selbst tun sollte. Werfe ich meinem Partner vor, dass er nicht mit mir redet, muss ich mich zugleich selbst fragen: *„Wie gut kommuniziere ich meine eigenen Bedürfnisse gegenüber anderen?"*

Deshalb wende ich die **Strichmännchen-Technik** an und entscheide somit, mich ganz bewusst von den Schnüren der Verstrickung und Abhängigkeit, die mich mit anderen verbinden, zu befreien. Und infolgedessen fühle ich mich **freier**, und das nicht nur gegenüber der Person, mit der ich die Übung mache, sondern auch ganz allgemein. Es kann übrigens gut sein, dass die andere Person, die ich in der Übung zeichne, eine ähnlich positive Wirkung verspürt! Ein weiterer Effekt der Übung ist ein weiserer Umgang mit mir selbst und anderen. **Liebe** und **Licht** werden sich stärker manifestieren. Indem ich loslasse und keinerlei Erwartungen oder Ansprüche mehr an andere habe, kann ich mit offenem Herzen♥ leben und das Beste für alle wünschen. Mehr **Liebe** öffnet letztendlich die Tür dafür, dass wir als Individuen und als Gesellschaft aufblühen.

KAPITEL 4

So löse ich meine Verstrickung mit einer Person auf

Der Zweck der folgenden Übung besteht darin, mich stärker von einer Person zu lösen. Dies tue ich in dem Bewusstsein, dass **Verstrickung und Abhängigkeit nichts mit wahrer Liebe zu tun haben**. Während **Liebe** Weisheit und **Freiheit** umfasst, versetzt die Verstrickung mich in eine Position, in der ich – bewusst oder unbewusst – eine andere Person oder Situation kontrollieren möchte und so die göttliche Energie hindere, frei zu fließen und das Beste für mich und alle Beteiligten zu erschaffen.

Der Einfachheit halber gehen wir einmal davon aus, dass eine Verstrickung stets auf einer der **sechs grundlegenden Ängste** beruht, die auf Seite 47 aufgeführt sind. Die **bewusste oder unbewusste** anhaftende Bindung, die zwischen zwei Personen besteht, kann auf den Ebenen der Energiezentren gefunden werden, von denen jedes einem bestimmten **Bewusstseinszustand** entspricht.

In meinem Körper befinden sich sieben Hauptenergiezentren, die sogenannten Chakren. Chakra ist ein Begriff aus dem Sanskrit; er bedeutet „Rad" und bezieht sich auf die sieben Energiezentren, die mein

Bewusstsein, meinen physischen Körper und mein Energiesystem ausmachen. Sie entsprechen den wichtigsten Nervengeflechten des Körpers. Beginnend beim obersten Chakra sind sie wie folgt angeordnet:

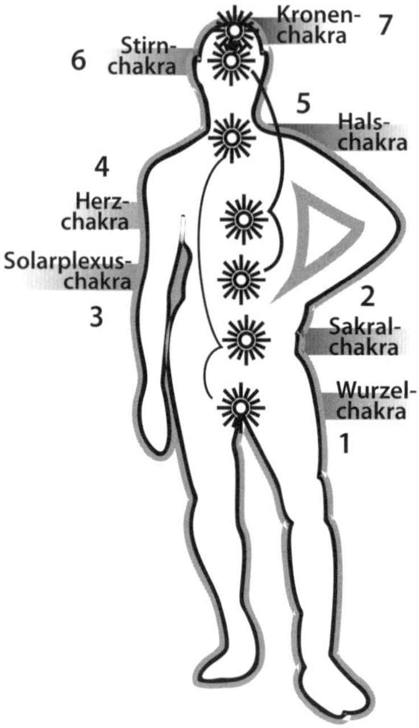

7. Über dem Kopf befindet sich das so genannte Kronenchakra.
6. Über der Nasenwurzel, zwischen den Augenbrauen, liegt das Stirnchakra, auch „Drittes Auge" genannt.
5. An der Kehle befindet sich das Hals- oder Kehlchakra.
4. Auf Höhe des Herzens♥, in der Mitte des Brustkorbs, liegt das Herzchakra.
3. Auf Höhe des Solarplexus, unmittelbar unterhalb des Brustbeins, liegt das Solarplexuschakra.
2. Ein paar Zentimeter unterhalb des Nabels befindet sich das Sakralchakra.
1. Auf der Höhe des Steißbeins, am Ende der Wirbelsäule, liegt das sogenannte Wurzelchakra.

Jedes dieser sieben Energiezentren ist mit einer Hormondrüse verbunden. Diese Drüsen steuern das Funktionieren der Organe und Systeme in meinem Körper.

Gleichzeitig entspricht jedes Energiezentrum einer **Bewusstseins**ebene, und zwar – wieder von oben beginnend – den folgenden:

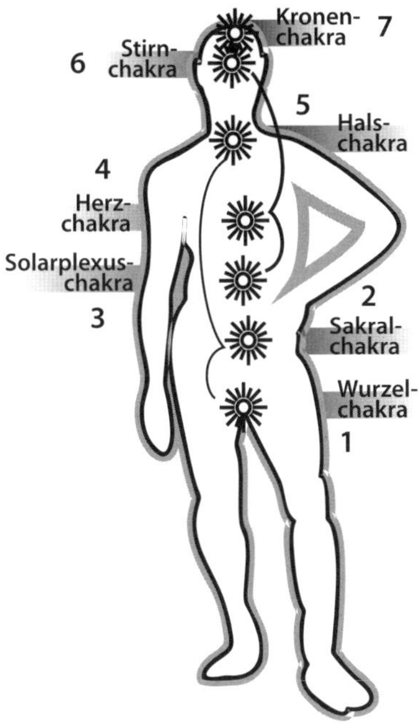

7. Göttliche Weisheit, Intuition
6. Intellekt, Verstand
5. Kommunikation, Durchsetzungsvermögen
4. **Liebe**
3. Emotionen
2. Materielle Kreativität, Sexualität
1. Grundlegende Bedürfnisse wie ein Dach über dem Kopf, Nahrung und emotionale Grundbedürfnisse wie zum Beispiel Mutter**liebe**

Ich kann auf einer oder mehrerer dieser Ebenen **bewusst oder unbewusst** an Personen und Situationen in meinem Umfeld anhaften. Der Zweck der folgenden Übung besteht darin, mich von dieser Verstrickung zu lösen, um der **Liebe** mehr Raum zu geben.

Schritt 6

Ich zeichne die **bewussten** oder unbewussten Verbindungsschnüre, die die sieben Energiezentren der beiden Personen miteinander verbinden. Die **sieben Energiezentren** befinden sich an folgenden Stellen. 1. Auf der Höhe des Steißbeins, am Ende der Wirbelsäule. 2. Zwischen Nabel und Schambein. 3. Unmittelbar unterhalb des Brustbeins. 4. Auf Höhe des Herzens♥. 5. Auf Höhe der Kehle. 6. Oberhalb der Nasenwurzel zwischen den Augenbrauen. 7. Mittig oben am Schädel.

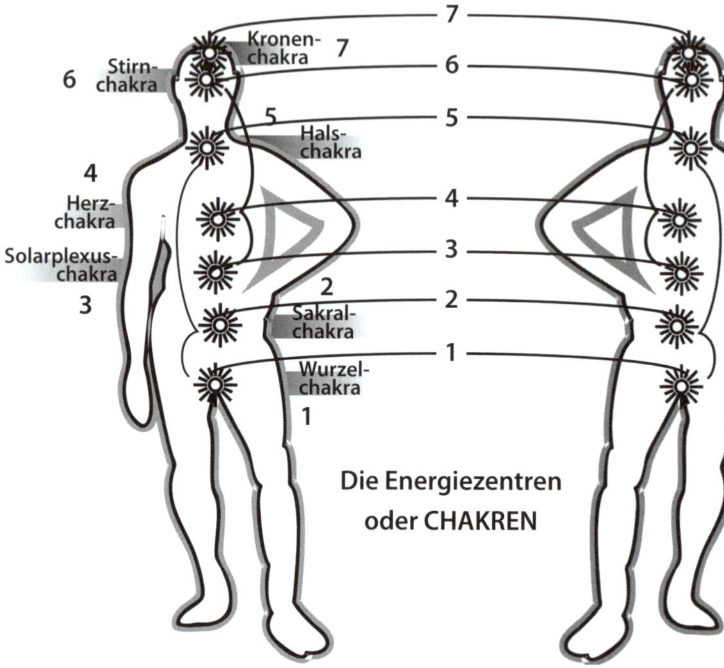

Jede Verbindung steht für eine **bewusste oder unbewusste** Verstrickung, die zwischen mir und der anderen Person auf der Ebene des jeweiligen Energiezentrums besteht. Jedes Energiezentrum repräsentiert zudem einen bestimmten **Bewusstseins**zustand.

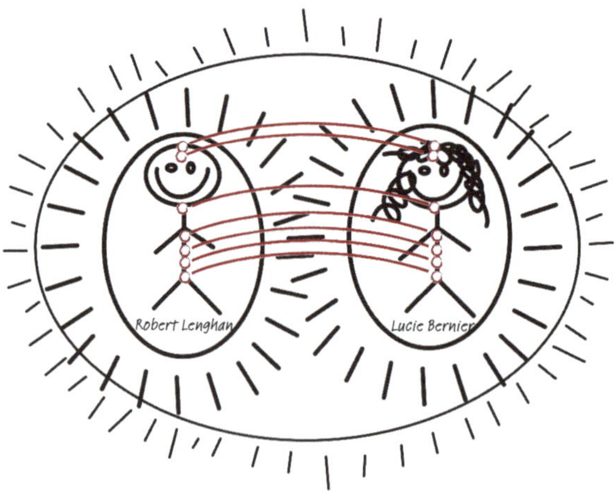

Ich zeichne also zunächst mich und eine andere Person, wie wir dies bereits in den vorangegangenen Schritten getan haben. Als Nächstes **zeichne ich nun die Verbindungslinien, die bewusst oder unbewusst zwischen mir und der anderen Person bestehen** und die meine Energiezentren mit den ihren verbinden.

Ich muss nicht wissen, wie hoch der Prozentsatz der Bindung ist, die ich auf den einzelnen Ebenen zu einer anderen Person habe. Das System funktioniert auch unabhängig davon.

Schritt 7

Ich *durchtrenne* nun die bewussten und unbewussten Schnüre der Abhängigkeit und Verstrickung zwischen beiden Personen und sage: **„Danke. Es ist erledigt.“**

Noch einmal zur Wiederholung: **Diese Linien repräsentieren die Bindungen, die tatsächlich oder wahrscheinlich zu dieser Person bestehen.** Sobald ich die Linien gezeichnet habe, nehme ich eine Schere und schneide das Bild in zwei Hälften. Ich kann das Blatt Papier auch einfach in der Mitte durchreißen, wenn ich keine Schere verwenden möchte oder keine zur Hand habe.

Manchmal zögere ich vielleicht, das Blatt mit den Linien meiner Verstrickungen und Abhängigkeiten durchzuschneiden, weil ich den Eindruck habe, dass ich mich von dieser Person oder der Liebe abtrenne, aber dies ist nicht der Fall!

Ich schneide einfach nur die Schnüre durch, NICHT DIE LIEBE. Verstrickung und Abhängigkeit sind nicht gleichzusetzen mit Liebe, sondern haben eher mit meinen emotionalen Verletzungen zu tun.

Es kann auch sein, dass ich vor dem Durchführen der Übung zurückschrecke, weil mich dies in Bezug auf die jeweilige Person freier macht und ich somit mehr Verantwortung für mein eigenes Leben übernehmen muss. Oder es macht mir Angst, mich in Richtung Glück zu bewegen, weil das vielleicht ungewohnt für mich ist. **Es ist wichtig, mich daran zu erinnern, dass ich am Ende mehr Liebe, Weisheit und Freiheit gewinnen werde.**

Durch diese Übung befreie ich mich aus dem inneren Gefängnis, in dem ich zuvor gelebt und das ich selbst errichtet habe.

Menschen fühlen sich häufig sicherer in dem, was sie kennen, und sei es ein Gefängnis, als im Unbekannten, der Freiheit.

Zusammenfassung der sieben Schritte für eine Person

1. Zuerst zeichne ich *mich selbst* und schreibe meinen Vor- und Nachnamen unter das entsprechende Strichmännchen.
2. Dann zeichne ich *die andere Person* und schreibe ihren Vor- und Nachnamen unter das zweite Strichmännchen.
3. Ich ziehe einen **Licht***kreis* mit nach außen gehenden Strahlen um *mich selbst* (einschließlich meines Vor- und Nachnamens).
4. Ich ziehe einen **Licht***kreis* mit nach außen gehenden Strahlen um *die andere Person* (einschließlich ihres Vor- und Nachnamens).
5. Ich ziehe einen **Licht***kreis* mit nach außen gehenden Strahlen *um beide Personen* und ihre **Licht***kreise.*
6. Ich zeichne die *sieben bewussten und unbewussten Verbindungslinien*, indem ich die Energiezentren beider Personen miteinander verbinde.
7. Ich durchtrenne *die sieben bewussten und unbewussten Verbindungslinien*, die die beiden Personen miteinander verbinden.

Ich sage: „**Danke. Es ist erledigt!**"

So löse ich Verstrickungen mit und Abhängigkeiten von einer Person auf

Die sieben Schritte in Bildern

Schritt 1

Schritt 2

Schritt 3

Schritt 4

Schritt 5

Schritt 6

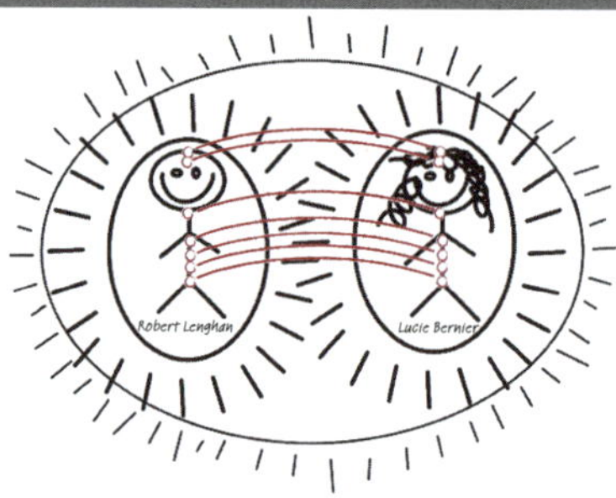

Schritt 7

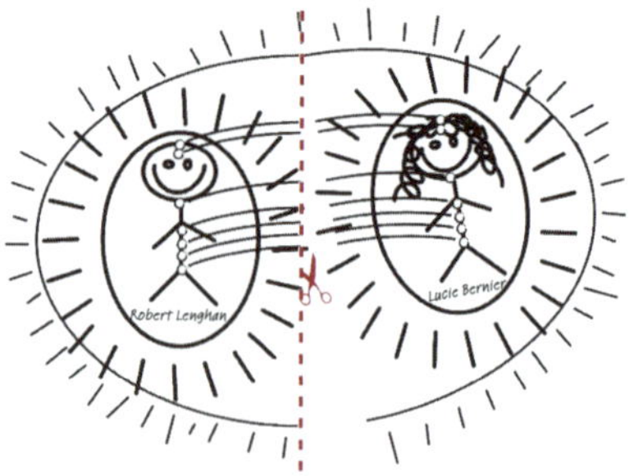

KAPITEL 5

So löse ich meine Verstrickung in eine Situation auf

Man kann die Übung auch mit einer Situation anstatt einer Person durchführen. Eine solche Situation kann beispielsweise das Unterzeichnen eines Vertrags sein, ein wichtiges Meeting, ein Kundentermin oder was auch immer. Auch hier beginne ich wieder, indem ich zuerst mich zeichne. Anstatt der anderen Person zeichne ich nun aber auf der rechten Seite des Papiers einfach ein Rechteck, in das ich den Namen der Situation setze, also beispielsweise **„Mein Vertrag mit der Gutbrot GmbH"**. Anschließend ziehe ich die Linien für die bewussten und unbewussten Verbindungen zwischen meinen Energiezentren und dem Rechteck.

Wichtig ist, das Rechteck ebenfalls mit einem *Lichtkreis* zu umgeben, ganz so, als sei es eine Person. Wie zuvor ziehe ich also einen *Lichtkreis* um mich selbst, einen *Lichtkreis* um das Rechteck mit der genauen Beschreibung der Situation und einen Lichtkreis um die beiden Elemente, nämlich die Person (mich) und das Rechteck, das für die Situation steht.

Im Folgenden sind einige Beispiele für Situationen, für die das Rechteck stehen könnte, aufgeführt. Wieder gilt der Grundsatz, dass ich nur **Situationen in das Rechteck setze, die mich betreffen oder die ich harmonisieren möchte.**

Mein Urlaub auf Hawaii

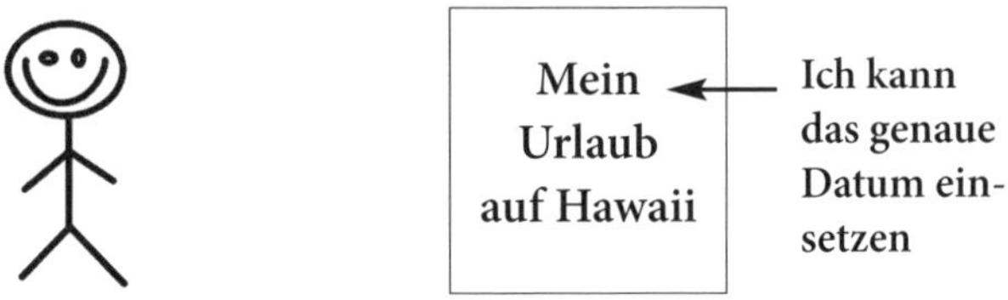

Robert Lenghan

Anschließend führe ich die nächsten 5 Schritte durch.

Vielleicht habe ich **bewusste** oder unbewusste Ängste in Verbindung mit der Urlaubsreise, wie beispielsweise, ob das Geld ausreichen wird, ob ich genügend Urlaubstage bewilligt bekomme, ob ich jemanden finde, der mit mir zusammen reist, und so weiter. Die Übung kann Ängste, die mich an der Realisierung dieses Projekts hindern könnten, ganz oder zumindest teilweise ausräumen.

Meine Schwierigkeiten in meinem derzeitigen Job

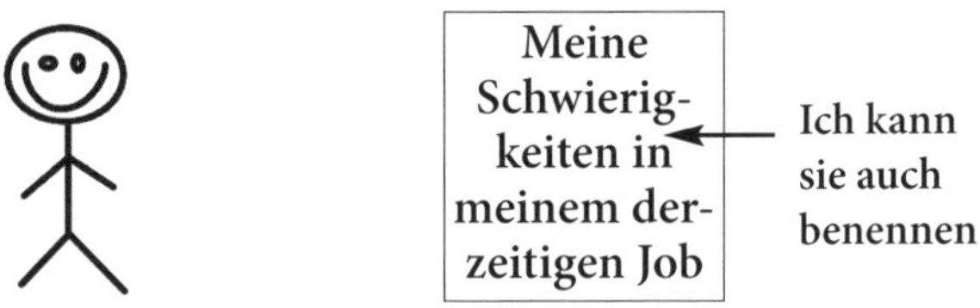

Robert Lenghan

Anschließend führe ich die nächsten 5 Schritte durch.

Wenn ich in meinem derzeitigen Job Probleme habe, dann liegen diesen in der Regel bewusste oder unbewusste innere Konflikte zugrunde. Durch das Durchtrennen der bewussten oder unbewussten Verbindungen fühle ich mich am Arbeitsplatz wohler und kann die Situation objektiver betrachten.

Einen Vertrag bekommen

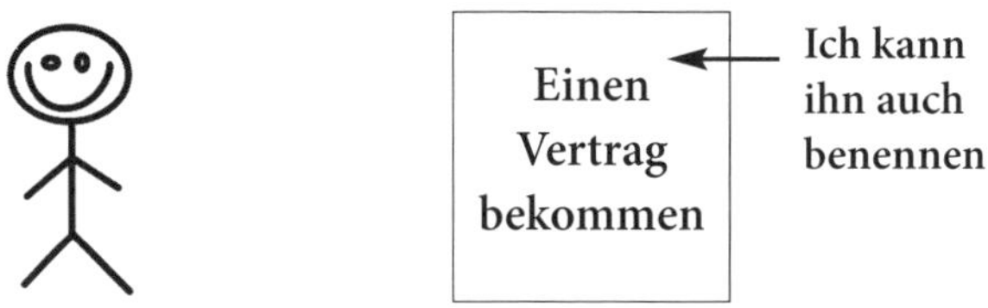

Robert Lenghan

Anschließend führe ich die nächsten 5 Schritte durch.

Wenn ich fürchte, dass ich diesen Vertrag nicht bekomme, kann sich dies durchaus bewahrheiten, **denn für das Gehirn ist die Lösung für Angst vor etwas, das genau das geschieht**. Dieser Vorgang, das Objekt der Furcht zu manifestieren, dient der Reduzierung der damit verbundenen Stressbelastung. Mit der **Strichmännchen-Technik** kann ich solche Ängste ausräumen.

Wenn es um eine Situation geht, an der mehrere Personen beteiligt sind, wie beispielsweise bei der Verhandlung einer Scheidung vor Gericht, beginne ich im ersten Schritt damit, mich selbst zu zeichnen, und gehe dann im Folgenden mit jeder beteiligten Person die sechs anderen Schritte durch. Die Paarungen könnten dann beispielsweise so aussehen:

- Ich und mein Anwalt
- Ich und mein Partner/meine Partnerin
- Ich und der Anwalt meines Partners/meiner Partnerin
- Ich und der Richter

Anschließend kann ich eine weitere Übung durchführen, bei der ich auf der rechten Seite ein Rechteck zeichne, das für die gesamte Situation steht, und in dieses Rechteck schreibe:

„Mein Scheidungsvertrag mit ………………… (Name der Person)"

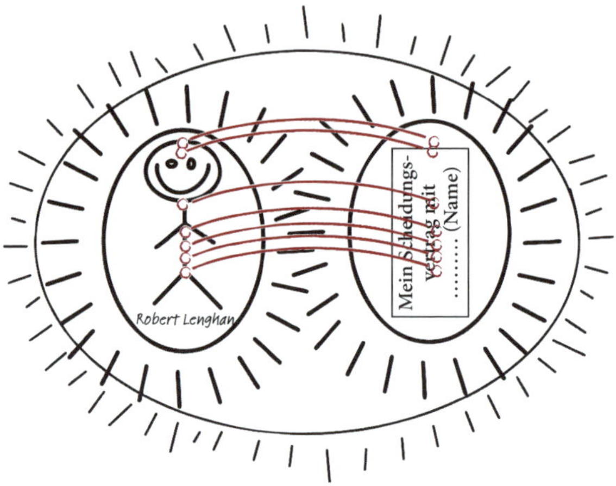

Zusammenfassung der sieben Schritte für eine Situation

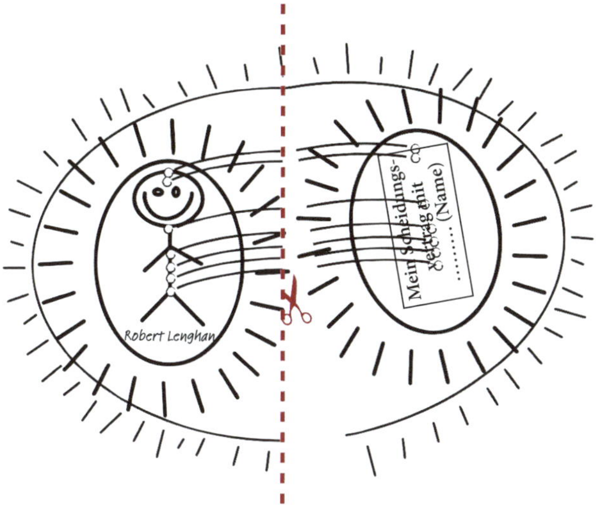

1. Zuerst zeichne ich *mich selbst* und schreibe meinen Vor- und Nachnamen unter das entsprechende Strichmännchen.
2. Dann zeichne ich ein Rechteck für die Situation und benenne sie. Falls passend, kann ich den Ort und das Datum des Ereignisses hinzufügen.
3. Ich ziehe einen *Lichtkreis* mit nach außen gehenden Strahlen um *mich selbst* (einschließlich meines Vor- und Nachnamens).
4. Ich ziehe einen *Lichtkreis* mit nach außen gehenden Strahlen um *die Situation* (einschließlich ihres erklärenden Textes).
5. Ich ziehe einen *Lichtkreis* mit nach außen gehenden Strahlen *um mich und die Situation.*
6. Ich zeichne die *sieben bewussten und unbewussten Verbindungslinien*, indem ich die Energiezentren miteinander verbinde.
7. Ich durchtrenne die *sieben bewussten und unbewussten Verbindungslinien.*

Ich sage: **„Danke. Es ist erledigt!“**

So löse ich Verstrickungen und Abhängigkeiten hinsichtlich einer Situation auf

Die sieben Schritte in Bildern

Schritt 1

Schritt 2

Schritt 3

Schritt 4

Schritt 5

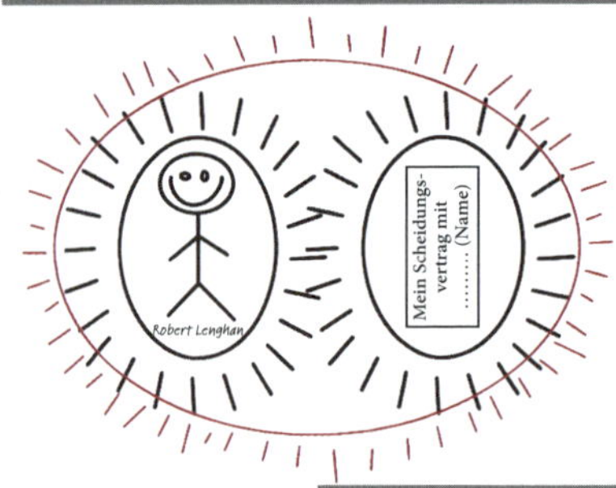

Schritt 6

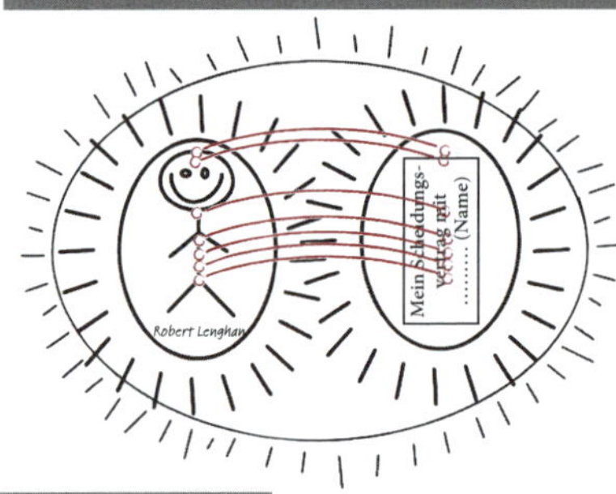

Schritt 7

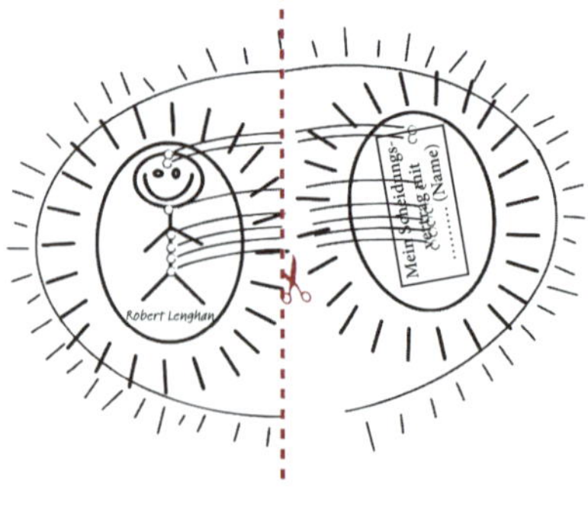

KAPITEL 6

So löse ich meine Verstrickung mit einem Teil meiner selbst auf

Ich mit mir

Ich habe nun bereits gesehen, wie ich die Übung mit einer anderen Person oder mit einer Situation durchführe, die mir in irgendeiner Form Unbehagen verursacht. Wie aber sieht es mit mir selbst aus? Jeder von uns kennt innere Zerrissenheit, Konflikte und Unsicherheiten. Die *Technik* kann mir zu mehr innerer Harmonie verhelfen, indem ich mich von Verstrickungen befreie, die mein Handeln und mein Selbstbild betreffen.

Ein gutes Beispiel hierfür ist das Durchführen der *Technik* mit meiner **YIN**- und meiner **YANG**-Seite. Jeder von uns, ganz gleich, ob Mann oder Frau, trägt beide Seiten beziehungsweise Aspekte in sich. Die Frage ist allerdings, wie sehr ich damit in Einklang stehe. Jungen tun sich meist schwer mit ihrem YIN, ihrer femininen, kreativen, emotionalen Seite (die meist nur Künstler wirklich ausleben und entwickeln). Frauen hingegen fühlen sich häufig unwohl mit ihrem YANG-Anteil, der maskulinen, aktiven, rationalen Seite, weil sie glauben, ihre Weiblichkeit würde leiden, wenn sie solche Eigenschaften zeigen. Daraus entwickelt sich ein Unbehagen, eine Form von Dualität. Indem ich die folgende Übung mit meiner YIN- und YANG-Seite mache, trage ich dazu bei, diese beiden Aspekte meiner selbst zu beleuchten, um sie besser integrieren und akzeptieren ↓♥ zu können. Dabei gehe ich wie folgt vor:

Lucie Bernier
YIN-Seite

Lucie Bernier
YANG-Seite

Nachdem ich diese beiden Zeichnungen erstellt habe, was den ersten beiden Schritten der Übung entspricht, fahre ich mit den Schritten 3 bis 7 fort.

WICHTIG: *Wenn ich weiblich bin,* zeichne ich zwei weibliche Figuren mit meinem Vor- und Nachnamen und der Angabe YIN-Seite beziehungsweise YANG-Seite darunter.

Wenn ich männlich bin, zeichne ich zwei männliche Figuren mit meinem Vor- und Nachnamen und der Angabe YIN-Seite beziehungsweise YANG-Seite darunter. Manche Menschen sind versucht, eine weibliche und eine männliche Person zu zeichnen, weil es hier ja um weibliche und männliche Anteile gehen soll. In diesem speziellen Beispiel jedoch zeichne ich zwei Figuren gleichen Geschlechts.

Was bringt mir diese Übung? Es kann sein, dass ich einen inneren Konflikt verspüre, weil ich mich auf der Grundlage des einen oder des anderen Aspekts meiner Persönlichkeit bewerte. Vielleicht setze ich mich selbst Zwängen aus, weil „eine Frau sich nicht so verhält“ oder „ein Mann so etwas nicht tut“. Mithilfe der Übung kann ich mich von Ängsten befreien, die mit dem Auftreten dieser beiden Aspekte in mir verbunden sind, und kann mich vollkommen akzeptieren ↓♥. Ich gewinne dadurch an **Freiheit** in Bezug auf mein Sein und meinen Ausdruck. Ich kann mich freimachen von den Blicken und der Bewertung anderer. Da ich aufhöre mich selbst zu kritisieren, ziehe ich die Kritik anderer nicht mehr auf mich, die stets ein Spiegel meiner eigenen inneren Kritik ist.

Vielleicht fühle ich mich nun auch wohler damit, Sportarten zu betreiben, die normalerweise für das andere Geschlecht reserviert zu sein scheinen, oder ich traue mich, ohne Angst vor schrägen Blicken oder negativen Reaktionen bestimmte Kleidungsstücke zu tragen. Kurz gesagt: Ich fühle mich **freier** in meinem alltäglichen Leben.

Ein weiteres Beispiel, das viele Menschen betreffen kann, ist die Dualität der **materiellen** und der **spirituellen Seite**. Häufig werden diese als Gegensätze angesehen, und ich kann der Vorstellung unterliegen, mich für die eine oder die andere Seite entscheiden zu müssen, weil beide nicht nebeneinander existieren können, was nicht zutrifft. Spirituell zu sein reicht nicht aus, um meinen Lebensunterhalt zu bestreiten. Geld ist eine Notwendigkeit und an sich nichts Schlechtes. Schlecht ist allein eine übermäßige **Liebe** zum Geld oder wenn dieses für negative Zwecke verwendet wird. Um daher diese beiden Aspekte in mir zu harmonisieren und die Verstrickungen zu lösen, die mich mit einem dieser Aspekte oder beiden verbinden, gehe ich wie folgt vor:

Robert Lenghan
materielle Seite

Robert Lenghan
spirituelle Seite

Nachdem ich diese beide Zeichnungen erstellt habe, was den ersten beiden Schritten der Übung entspricht, fahre ich mit den Schritten 3 bis 7 fort.

Die Übung mit Gegensätzen durchzuführen ermöglicht es mir, in Bezug auf die beiden Seiten eine Position zu finden und mir vielleicht sogar einige meiner Muster oder Bewertungen **bewusst** zu machen sowie deren Einfluss auf meine Wünsche und Ziele. Durch die Übung werden die Dinge also klarer und meine Chancen, das Gewünschte zu manifestieren, steigen!

Auch wenn es für meinen Verstand keinen Sinn ergibt, mache ich es trotzdem!

Um Ergebnisse zu erzielen, muss ich das, was ich tue, nicht verstehen, weil die *Technik* auf der Ebene meines Unterbewusstseins ansetzt, also dort, wo sowieso der größte Teil meines Lebens stattfindet! Mein Unterbewusstsein spielt beim Funktionieren meines Körpers und dem Erreichen meiner Ziele eine neun Mal so große Rolle wie mein Bewusstsein. Es steuert die Tätigkeiten, die einfach so ablaufen, ohne dass ich darüber nachdenken muss. So lässt es beispielsweise mein Herz♥ schlagen, heilt Wunden, lässt mich quasi automatisch Auto fahren, während ich Radio höre, und so weiter.

Weil die *Technik* auf das Unterbewusstsein wirkt, setzt sie verschiedene unbewusste Mechanismen in Gang, die nach Lösungen suchen. **Durch Einsetzen der Technik beginnt das Unterbewusstsein für mich zu arbeiten,** weil ich ihm quasi **den Befehl** dazu gegeben habe.

Nur zur Erinnerung: Das Unterbewusstsein erinnert sich an 90 Prozent von allem, das ich aufschreibe, und hilft mir auf diese Weise, meine Wünsche zu manifestieren. Mein Unterbewusstsein arbeitet dann für mich.

Es gibt unendlich viele mögliche Kombinationen für die beiden Figuren und alle davon sind gut und können nur positive Ergebnisse erbringen! Es kann nichts Negatives passieren!

Ich kann keine „*Fehler*" machen.

Generelle Regel: Zuerst zeichne ich mich selbst auf der linken Seite des Papiers, mit Vor- und Nachnamen und der positiven Eigenschaft oder dem positiven Aspekt. Dann zeichne ich mich selbst auf der rechten Seite des Papiers, mit Vor- und Nachnamen und der gegenteiligen Eigenschaft oder dem negativen Aspekt.

Hier sind ein paar Beispiele:

Robert Lenghan
großzügig

Robert Lenghan
egoistisch

Nachdem ich diese beide Zeichnungen erstellt habe, was den ersten beiden Schritten der Übung entspricht, fahre ich mit den Schritten 3 bis 7 fort.

Im obigen Beispiel zeichne ich zwei Strichmännchen und ordne dem einen eine Eigenschaft von mir zu – in diesem Fall „**großzügig**" – und dem anderen die gegenteilige, in diesem Fall „**egoistisch**". Es kann sein, dass ich diese beiden Eigenschaften in bestimmten Situationen und bis zu einem gewissen Grad von mir selbst kenne oder dass ich Situationen mit anderen erlebe, die beispielsweise egoistisch sind. Was auch immer der Fall sein mag, das Durchführen der Übung erlaubt es mir, die Situation klarer zu sehen.

Je ausdrucksstarker die Worte sind, die für die beiden gegensätzlichen Eigenschaften gewählt werden, umso eindeutiger wird das Ergebnis sein.

Robert Lenghan
sehr glücklich

Robert Lenghan
sehr deprimiert

Nachdem ich diese beide Zeichnungen erstellt habe, was den ersten beiden Schritten der Übung entspricht, fahre ich mit den Schritten 3 bis 7 fort.

Robert Lenghan
sehr fröhlich

Robert Lenghan
sehr traurig

Nachdem ich diese beide Zeichnungen erstellt habe, was den ersten beiden Schritten der Übung entspricht, fahre ich mit den Schritten 3 bis 7 fort.

Lucie Bernier
sehr positiv

Lucie Bernier
sehr negativ

Nachdem ich diese beide Zeichnungen erstellt habe, was den ersten beiden Schritten der Übung entspricht, fahre ich mit den Schritten 3 bis 7 fort.

....

Lucie Bernier
sehr bewusst und wach

Lucie Bernier
sehr unbewusst*

Nachdem ich diese beide Zeichnungen erstellt habe, was den ersten beiden Schritten der Übung entspricht, fahre ich mit den Schritten 3 bis 7 fort.

....

Bei diesen Beispielen wurde stets das Wort **SEHR** verwendet. Das soll die einzelnen Eigenschaften intensivieren, um maximale Wirkung zu erzielen. Es ist interessant zu beobachten, wie sehr sich mein **Bewusstsein** dafür schon allein durch das Niederschreiben der Worte schärft. Wenn meine Reaktion darauf ist, zu sagen: „*Nein, das bin ich überhaupt nicht*“, dann zeigt mir das deutlich, wo es noch etwas zu tun gibt. Denn wenn ich einen Aspekt von mir ablehne, sei er nun positiv oder negativ,

* Ich kann an dieser Stelle auch das Unterbewusstsein einsetzen.

dann liegt es daran, dass er zu einem gewissen Grad zu mir gehört. Die Tatsache, dass ich mir seiner **bewusst** werde und ihn akzeptiere ↓♥, wird es mir ermöglichen, ihn entweder stärker als gute Eigenschaft zu manifestieren oder ihn in etwas Positives zu transformieren, wenn es sich um eine von mir als negativ empfundene Eigenschaft handelt.

Die Technik ermöglicht es mir, etwas in mein Bewusstsein zu holen – in Form von Informationen, die mir zuvor nicht bewusst waren.

Die nachfolgende Tabelle zeigt einige weitere Beispiele, die ich verwenden kann:

Figur auf der linken Seite mit meinem Vor- und Nachnamen darunter	**Figur auf der rechten Seite** mit meinem Vor- und Nachnamen darunter
flexibel	starr
großzügig	egoistisch
offen	verschlossen
sparsam	verschwenderisch
freundlich	arrogant
selbstbewusst	völliger Mangel an Selbstbewusstsein
vertrauensvoll	eifersüchtig
vollkommen gesund	krank*
fröhlich	traurig
ehrlich	verlogen
optimistisch	pessimistisch
geduldig	ungeduldig
mutig	mutlos
voller Energie	müde
ruhig	gestresst
zuversichtlich	besorgt
gelassen	wütend

Nachdem ich mir ein Eigenschaftspaar ausgesucht habe, führe ich damit die sieben Schritte der Technik durch.

* Ich kann hier auch den Namen einer bestimmten Krankheit notieren, die ich habe oder die eine mir bekannte Person hat oder die ich befürchte zu haben.

Variante: Zeichnen der Verbindungslinien in verschiedenen Farben

Die sieben Hauptchakren oder Energiezentren, mit denen wir arbeiten, stehen für bestimmte Punkte im Körper, über die ein Energieaustausch stattfindet. Ihre Rolle besteht darin, eine rhythmische Schwingungsenergie zu empfangen und auszusenden, die auf die Organe wirkt. Jedes Chakra ist mit einer dominanten Farbe verbunden, die der jeweiligen Schwingungsfrequenz entspricht. Die Verbindungsschnüre, die ich in Schritt 6 zeichne, verbinden meine sieben Chakren mit denen der anderen Person oder Situation.

Wenn ich möchte, kann ich die Verbindungslinien in den Farben zeichnen, die zu diesen Chakren gehören. Das bleibt jedoch mir überlassen und ist für das Funktionieren der Technik nicht entscheidend.

Diese Farben sind im Einzelnen mit den sieben Energiezentren verbunden:

1. **Rot** für das Wurzelchakra am Ende der Wirbelsäule
2. **Orange** für das Hara, das Sakralzentrum (zwischen Nabel und Schambein)
3. **Gelb** für das Solarplexuschakra unterhalb meines Brustbeins
4. **Grün** für das Herz♥chakra
5. **Blau** für das Halschakra
6. **Indigo** (eine Art malvenfarbiges Blau) für das „Dritte Auge“
7. **Violett** für das Kronenchakra

Und hier noch einmal die Stellen, wo sich die Chakren am Körper befinden:

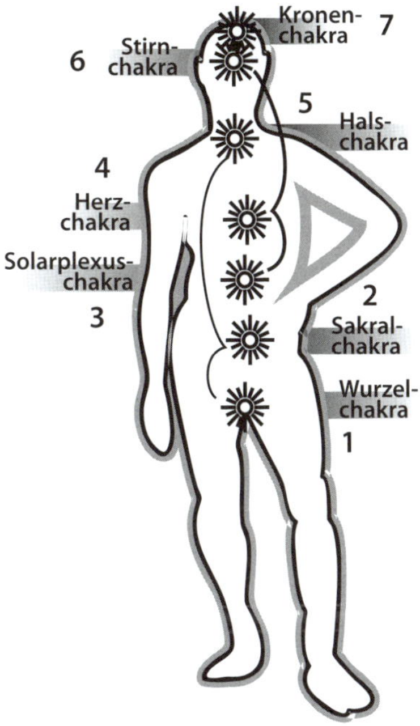

7. **Violett** für das Kronenchakra oben auf dem Kopf
6. **Indigo** für das „Dritte Auge“
5. **Blau** für das Halschakra
4. **Grün** für das Herz♥
3. **Gelb** für den Solarplexus
2. **Orange** für das Hara oder Sakralzentrum
1. **Rot** für das Wurzelchakra

KAPITEL 7

Wie ich die Technik richtig anwende: Antworten auf häufige Fragen

Was mache ich mit den beiden Papierstücken, nachdem ich die Seite durchgeschnitten habe?

Ich werfe sie einfach in den Papierkorb! Einige Menschen erweitern die Übung um einen zusätzlichen Schritt, indem sie die Papierstücke in einer Schale verbrennen und dabei Energie oder **Licht** visualisieren. Das kann man natürlich tun, aber es ist nicht unbedingt erforderlich. Wenn ich die Papierstücke verbrenne und sich dabei weißer, grauer oder schwarzer Rauch bildet, hat dies nichts weiter zu bedeuten – die Wirkung tritt in jedem Fall ein!

Das Blatt Papier fungiert quasi als Durchschlagpapier für mein Unterbewusstsein. Durchschlagpapier wurde früher zwischen zwei Seiten gelegt, damit der Text, den man auf die erste Seite schrieb, auf die zweite Seite durchgedruckt wurde. Anschließend wurde es weggeworfen, weil es keine Funktion mehr hatte. Das Blatt Papier, auf dem ich die Übung mache, ist in diesem Sinne nichts anderes als Durchschlagpapier für mein Unterbewusstsein. Es ist also nebensächlich, was ich im Anschluss an die Übung mit dem Blatt Papier mache, weil die Botschaft nun in meinem Unterbewusstsein verankert ist.

Warum setze ich die sieben Energiezentren auch in das Rechteck, das für eine Situation steht?

Wofür stehen die Energiezentren in einem Rechteck, das doch eigentlich für eine Situation steht und nicht für eine Person? Nun, an jeder Situation, die ich erlebe, sind eine oder mehrere (lebende oder bereits verstorbene) Personen beteiligt. Die Energiezentren in dem Rechteck auf der rechten Seite stehen also für die Energiezentren der Menschen, die in die Situation involviert sind, ob wir sie nun kennen oder nicht.

Wenn ich die Übung beispielsweise mit mir und dem Verkauf meines Hauses durchführe, dann betrifft die Situation die Menschen, die in dem Haus leben, einen potenziellen Käufer, einen Makler und so weiter. Die Energiezentren der Situation stehen dann stellvertretend für diejenigen aller am Hausverkauf beteiligten Personen. Ich bitte damit mehr oder weniger darum, dass das Beste für alle Personen geschehen möge, die mehr oder weniger stark in die Situation eingebunden sind, einschließlich meiner selbst.

Ich kann das Ganze auch so betrachten: Ich denke, ich habe eine Verstrickung in Bezug auf den Verkauf meines Hauses, die mit dem sechsten Energiezentrum zu tun hat, der mentalen Ebene. Vielleicht hänge ich auch emotional an dem Haus, wenn ich beispielsweise dort meine Kinder großgezogen habe. In diesem Fall hätte ich eine Verstrickung beim dritten Energiezentrum, das mit Emotionen zu tun hat. Beschäftigen mich die finanziellen Auswirkungen des Verkaufs meines Hauses, dann ist eher das erste Zentrum betroffen, bei dem es um grundlegende und materielle Bedürfnisse geht.

Ich muss nicht unbedingt wissen, welche Energiezentren am meisten betroffen sind. Wichtig ist, dass ALLE Verbindungslinien durchtrennt werden, die mit der Situation zusammenhängende bewusste und unbewusste Verstrickungen darstellen.

Trenne ich mit dem Durchschneiden der Verbindungslinien auch das Licht ab?

NEIN! Die **Licht**kreise stehen für meinen Willen, dass das Beste für mich, die andere Person und die gesamte Situation geschehen soll. Dieser Wunsch bleibt auch nach dem Durchtrennen der Verbindungen bestehen.

Trenne ich mit dem Durchschneiden der Verbindungslinien auch die Liebe ab?

NEIN! Liebe ist etwas, das einfach da ist. Sie ist keine Form von Verstrickung, sondern eine von Herz♥ zu Herz♥ gehende Schwingung. Deshalb bleibt die bestehende **Liebe** unberührt, wenn wir die Verbindungslinien von Verstrickung und Abhängigkeit durchtrennen. Verstrickung und Abhängigkeit, so wie wir sie hier betrachten, haben nichts mit **Liebe** zu tun, und das Durchführen der Übung bewirkt, dass mehr **bedingungslose Liebe** in die Beziehung zur anderen Person oder in die Situation fließt. Es kann sogar sein, dass ich diese **Liebe** nach dem Anwenden der Technik stärker spüre.

Wenn ich die Technik beispielsweise mit meinem Ehepartner durchführe, kann unsere Paarbeziehung sehr davon profitieren, weil die Bande von Kontrolle und Macht durchtrennt wurden. Die Beziehung beruht dann mehr auf **Freiheit**. Das Gleiche gilt für jede Person oder Situation, auf die ich die Übung anwende.

Welche Folgen hat die Übung? Beeinflusse oder kontrolliere ich dadurch nicht eine andere Person?

Vielleicht beschäftigt mich die folgende Frage: Wenn ich die Übung mit einer anderen Person mache, wenn ich sie zeichne, ihren Vor- und Nachnamen schreibe und dann die Verbindungslinien durchtrenne, riskiere ich dann nicht bewusst oder unbewusst, sie zu beeinflussen, zu kontrollieren, zu schädigen oder in ihrer Freiheit einzuschränken?

Die Antwort lautet: **NEIN!** Denn meine Haltung ist die folgende: **ICH WÜNSCHE MIR DAS, WAS FÜR MICH UND DIE ANDERE PERSON DAS BESTE IST!** Deshalb muss ich auch immer mich selbst zuerst zeichnen und bin immer Teil der Übung.

Es gibt dann zwei mögliche Situationen:

1. Die Übung hat keine sichtbaren Auswirkungen auf die Person.
2. Die Person profitiert von der Übung, weil ich mich von einer zuvor bestehenden Verstrickung mit ihr gelöst habe. Es ist so, als hätte ich die Person zuvor mit meinen Erwartungen, Abhängigkeiten, Verstrickungen, Sorgen und Ängsten in Ketten gelegt und entfernte diese nun wieder. Ich gebe dieser Person also im Endeffekt mehr **Freiheit** und **Liebe**!

Wenn ich die Strichmännchen-Technik auf eine andere Person anwende, arbeite ich nicht „an der anderen Person", sondern ich arbeite mit meinem Bild der Person und den unbewussten Botschaften, die ich an sie aussende.

Muss ich Augen, Nase und Mund zeichnen?

Nicht notwendigerweise. Es empfiehlt sich, die Augen und den Mund zu zeichnen (vorzugsweise mit einem breiten Lächeln, um ein positives Bild meiner selbst und der anderen Person zu zeichnen), aber der Rest bleibt mir überlassen. Wichtig ist, die Zeichnung bewusst einfach zu halten. Dies ist kein Zeichenwettbewerb!

Sollen die Arme der Strichmännchen nach oben oder nach unten zeigen?

Das ist nicht weiter wichtig, beide Varianten sind in Ordnung. Wichtig ist nur, die Übung durchzuführen!

Hat die Zeichnung selbst eine Bedeutung?

NEIN! Es gibt natürlich Menschen, die auf die Analyse von Zeichnungen – und hier speziell Kinderzeichnungen – spezialisiert sind. Sie versuchen anhand der Bilder etwas über das Innenleben eines Kindes herauszufinden. Bei solchen Analysen bezieht sich beispielsweise die linke Seite immer auf die Vergangenheit und die rechte auf die Zukunft. Als Elternteil kann ich ebenfalls die Zeichnungen meiner Kinder betrachten und einiges daran ablesen, beispielsweise, ob das Kind klare, leuchtende Farben wählt oder eher düstere und welche Motive es verwendet.

Unser Ziel ist jedoch ein anderes, weshalb die Regeln, die normalerweise für die Analyse von Zeichnungen gelten, in diesem Fall nicht anwendbar sind. Auch ob die Kreise sich in eine bestimmte Richtung ausdellen oder nicht, ist nicht von Bedeutung.

Ich muss die Kreise auch nicht ohne Unterbrechung zeichnen, sondern kann zwischendurch absetzen. Hauptsache, der Kreis ist am Ende vollständig geschlossen.

Ausnahme: Wenn ich die sieben Verbindungslinien zeichne und eine davon vergesse, ist es durchaus interessant, innezuhalten und zu prüfen, welche Verbindung ich vergessen habe. In der Regel ist es ein Zeichen dafür, dass auf dieser Ebene gerade etwas abläuft und eventuell eine größere Blockade oder Angst damit verbunden ist. Vergesse ich beispielsweise die Verbindungslinie auf der Ebene des Halschakras, dann hat dies möglicherweise damit zu tun, dass es viele Dinge gibt, die ich zurückhalte oder nicht ausdrücke. Mein Verstand versucht dann diese unerwünschte Information zu verbergen, auszulassen oder zu streichen. Vielleicht spüre ich das sogar körperlich in Form von Halsschmerzen oder Husten. Das sind Anzeichen dafür, dass ich etwas stärker ausdrücken sollte, auf der Ebene verbaler oder sexueller Kommunikation.

Wenn mir vor dem Durchschneiden auffällt, dass ich vergessen habe, eine der sieben Verbindungslinien einzuzeichnen, füge ich sie nachträglich hinzu. Habe ich das Papier bereits durchgeschnitten, bevor ich feststelle, dass nur sechs oder noch weniger Linien vorhanden sind anstatt sieben, führe ich die Übung mit der jeweiligen Person oder Situation erneut durch und achte diesmal darauf, dass alle Linien vorhanden sind. Eine Auflistung der Energiezentren und der Aspekte, für die sie stehen, findet sich auf den Seiten 50 und 51.

Wie gehe ich vor, wenn der Name der Person nicht bekannt ist?

In diesem Fall identifiziere ich die Person mit den Informationen, die mir zur Verfügung stehen. Wenn ich beispielsweise meine biologischen Eltern finden möchte, führe ich die Übung wie folgt durch:

Lucie Bernier

Mein biologischer Vater

Nachdem ich diese beide Zeichnungen erstellt habe, was den ersten beiden Schritten der Übung entspricht, fahre ich mit den Schritten 3 bis 7 fort.

Lucie Bernier

Meine biologische Mutter

Nachdem ich diese beide Zeichnungen erstellt habe, was den ersten beiden Schritten der Übung entspricht, fahre ich mit den Schritten 3 bis 7 fort.

Ich kann auch den Beruf der unbekannten Person verwenden oder den Ort, an dem ich sie getroffen habe. Wenn ich beispielsweise einen Autounfall hatte, kann ich folgende Zeichnung anfertigen:

Lucie Bernier

Fahrer bei Unfall in Paris am 12. Januar 2015*

Nachdem ich diese beide Zeichnungen erstellt habe, was den ersten beiden Schritten der Übung entspricht, fahre ich mit den Schritten 3 bis 7 fort.

Lucie Bernier

Polizist bei Unfall in Paris am 12. Januar 2015

Nachdem ich diese beide Zeichnungen erstellt habe, was den ersten beiden Schritten der Übung entspricht, fahre ich mit den Schritten 3 bis 7 fort.

Lucie Bernier

Helfer bei Unfall in Paris am 12. Januar 2015**

Nachdem ich diese beide Zeichnungen erstellt habe, was den ersten beiden Schritten der Übung entspricht, fahre ich mit den Schritten 3 bis 7 fort.

---

* Hier gebe ich Ort und Datum an.

** Wenn ich mich nicht mehr an das Geschlecht erinnern kann, kann ich einen Mann oder eine Frau zeichnen.

Wenn ich am Herzen♥ operiert werden muss:

Lucie Bernier

Herzspezialist, Laval Krankenhaus, 15. April 2015

Nachdem ich diese beide Zeichnungen erstellt habe, was den ersten beiden Schritten der Übung entspricht, fahre ich mit den Schritten 3 bis 7 fort.

....

Lucie Bernier

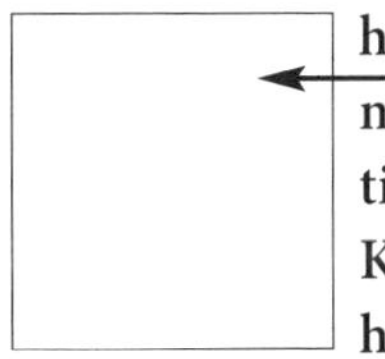

Krankenhauspersonal, Operation*, Laval Krankenhaus, 15. April 2015**

Nachdem ich diese beide Zeichnungen erstellt habe, was den ersten beiden Schritten der Übung entspricht, fahre ich mit den Schritten 3 bis 7 fort.

....

* Wenn mehrere Operationen geplant sind, kann ich sie alle in das Rechteck setzen und als „meine Operationen“ bezeichnen.

** Hier zeichne ich ein Rechteck, das für alle Krankenschwestern und Pfleger steht.

Lucie Bernier
Herz♥ vollkommen gesund**

Lucie Bernier*
Herz♥ in schlechtem Zustand

Nachdem ich diese beide Zeichnungen erstellt habe, was den ersten beiden Schritten der Übung entspricht, fahre ich mit den Schritten 3 bis 7 fort.

Zeigt die Übung stärkere Wirkung, wenn ich die Verbindungslinien farbig zeichne?

NEIN! Dafür gibt es keinerlei Anhaltspunkt. Einige Menschen bevorzugen den Einsatz von Farben und es ist völlig in Ordnung, sie zu verwenden.

Es ist wichtig, keine unnötigen Vorbedingungen für die Übung zu schaffen. Viele Menschen wissen nicht, welche Farben den einzelnen Chakren zugeordnet sind, oder haben vielleicht nicht das notwendige Material im Haus.

Wenn ich allerdings die Technik durchführen möchte, das Wissen habe und gerne Farben verwenden will, kann ich dies tun.

* Wenn ich das Geschlecht nicht kenne, kann ich einen Mann oder eine Frau zeichnen.
** Die positive Variante sollte auf der linken Seite des Blattes stehen.

Was fühle ich während der Übung?

Das ist je nach Person sehr verschieden. Es kann sein, dass ich gar nichts fühle, es kann aber ebenso gut sein, dass während des Durchführens der Übung oder unmittelbar im Anschluss daran in mir mehr oder weniger heftige Gefühle hochsteigen. Wenn dies der Fall ist, heiße ich das willkommen, was sich zeigt, und schaue, ob ich das Gefühl bestimmen kann. Vielleicht läuft eine Welle von Wärme durch meinen Körper oder ich verspüre einen Stich im Herzen♥. Das bedeutet einfach nur, dass sich auf irgendeiner Ebene etwas tut. Ich muss nicht alles von mir Wahrgenommene mit dem Verstand begreifen. Es geht vielmehr darum, diese Gefühle willkommen zu heißen und **DANKE** zu sagen, weil eine Befreiung und Veränderung zum Positiven stattgefunden hat, und zwar auf körperlicher, emotionaler und/oder spiritueller Ebene.

Kann die Übung auch in der Gruppe durchgeführt werden?

JA! Es kann sehr förderlich sein, wenn ich die Übung gleichzeitig mit und in Gegenwart anderer Personen durchführe. Wenn beispielsweise ein Trainer diese Technik in einem Kurs lehrt, kann der Energiepegel durch das **Bewusstsein** der Gruppe ansteigen und es können mehr **bewusstseinserhöhende** Erlebnisse stattfinden. Es kann auch für das Integrieren der Veränderungen hilfreich sein, wenn ich mich hinterher in der Gruppe darüber austauschen kann. Ich kann die *Technik* mit Freunden oder Familienmitgliedern durchführen. Die anschließenden Gespräche können sehr nützlich und oftmals auch aufschlussreich sein. Es kann beispielsweise eine Möglichkeit sein, die Kommunikationskanäle zu meinen Kindern weiter zu öffnen.

Ich kann auch beschließen, die Übung zu Hause zu machen, gemeinsam mit einem Freund oder einer Freundin oder mit meinen Kindern.

Das bietet eine gute Gelegenheit, mich mit den Menschen, die ich **liebe**, über meine Gefühle zu einer bestimmten Situation auszutauschen.

Ist es wichtig, die Strahlen um die drei Kreise besonders sorgfältig zu zeichnen, um klar zu zeigen, dass es sich um Licht handelt?

JA, sie sollten möglichst klar und deutlich gezeichnet werden, da die Strahlen für meine Offenheit und meine Intention stehen, „die Beziehung oder Situation in **Licht** zu tauchen". Indem ich die Strahlen achtsam und sorgfältig zeichne, zeige ich meinem Unterbewusstsein ganz deutlich, dass es sich tatsächlich um **Licht** handelt. Im anderen Fall, wenn ich nur Kreise ohne Licht verwende, kann in meinem Unterbewusstsein der Eindruck entstehen, dass ich in etwas gefangen oder eingeschlossen bin.

Sollte ich die Technik bewusst anwenden oder eher automatisiert?

Beide Möglichkeiten sind geeignet. Viele Menschen haben festgestellt, dass ein **bewusstes** Ausführen der Übung es ihnen leichter macht, ihre Gefühle bezüglich der Person oder Situation zu bestimmen und die nachfolgenden Veränderungen wahrzunehmen.

Aber auch wenn ich die Übung „automatisch" durchführe, ohne großartig über das nachzudenken, was ich da tue, ist es in Ordnung. Selbst wenn ich meine, nur eine einfache Zeichnung anzufertigen, registriert mein Unterbewusstsein durch die Zeichnung die Information. Für Menschen, die sehr „verkopft" sind und immer glauben, alles verstehen zu müssen, kann es sogar sehr vorteilhaft und wohltuend sein, die Übung automatisch auszuführen. Wenn sie es wie ein Spiel auffassen, halten sie sich mehr auf der Ebene des Herzens♥ auf, ohne das Geschehen die ganze Zeit zu analysieren.

Ich kann diese *Technik* auch als aktives Werkzeug für meine persönliche Entwicklung nutzen, das praktisch immer zur Verfügung steht. Ein Werkzeug, das es mir ermöglicht, regelmäßig an meinen Emotionen zu arbeiten und so in meinem täglichen Leben große Veränderungen zum Besseren zu erzielen.

Kann ich während des Durchführens der Übung ein Mantra* verwenden oder eine persönliche Bitte formulieren?

Ist es möglich, beim Durchführen der Übung an einen bestimmten Satz zu denken? Die Antwort lautet **JA**, aber es ist *nicht notwendig*. Wenn ich die Linien mit der Schere durchtrenne, kann ich beispielsweise sagen: *„Ich durchtrenne die Verbindungslinien zu …"* (Name der Person oder Situation). Ich kann auch bei jedem Durchschneiden einer zu einem bestimmten Chakra gehörigen Linie sagen: *„Ich befreie dieses Chakra von allen negativen Emotionen, Bindungen oder Abhängigkeiten."*

Während der Übung und speziell beim Durchtrennen der Verbindungslinien kann ich *„DANKE, DANKE, DANKE"* oder *„ICH AKZEPTIERE ↓♥, ICH AKZEPTIERE ↓♥, ICH AKZEPTIERE ↓♥"* sagen, speziell wenn es eine Situation betrifft, die mir zu schaffen macht. In diesem Fall bedeutet das *„Ich akzeptiere ↓♥"* nicht, dass ich der Situation zustimme. Es bedeutet vielmehr: **„Ich akzeptiere ↓♥, dass es an dieser Situation etwas für mich zu verstehen gibt.** *Ich akzeptiere ↓♥, offen zu bleiben, damit förderliche Veränderungen stattfinden können und das Beste für mich und die andere Person eintreten kann."*

* Ein Mantra ist eine verdichtete Formel. Sie besteht aus einer oder mehreren Silben, die zu Meditations- oder religiösen Zwecken in einem bestimmten Rhythmus fortlaufend wiederholt werden.

Nach dem Durchschneiden des Papiers sage ich abschließend: **„DANKE, ES IST ERLEDIGT!“** Das bedeutet: Ich gehe davon aus, dass etwas passiert, und bin bereit, sofortige Veränderungen zu akzeptieren ↓♥. Gleichzeitig bleibe ich offen in Hinblick auf die verschiedenen Weisen, auf die sich Veränderungen manifestieren können.

Achtung: Ich darf keine Mantras einsetzen mit dem Ziel, das Ergebnis auf irgendeine Weise kontrollieren zu wollen.

Ich könnte auch eine schriftliche Bitte formulieren, bevor ich die Technik einsetze, wie beispielsweise: *„Ich bitte darum, dass meine Verstrickung und meine Abhängigkeit betreffend ________________ vollkommen aufgelöst und durch ein Gefühl von* **Freiheit** *ersetzt wird.“*

HÜTEN SIE SICH DAVOR, DIE ANDERE PERSON KONTROLLIEREN ZU WOLLEN!

Es ist beispielweise *verboten* zu schreiben: „Ich möchte, dass ____________ mich liebt.“ „Ich möchte, dass ________________ mir tausend Euro gibt.“ *Mit solchen Sätzen würde ich versuchen, die Emotionen und Handlungen anderer zu beeinflussen oder zu steuern!* Meine Einstellung muss stets folgende sein: **„Ich wünsche mir das Beste für mich selbst und für die andere Person.“**

Muss ich beim Durchführen der Übung schweigen?

NEIN, das ist nicht erforderlich! Die Übung funktioniert auch, wenn ich dabei rede. Ich sollte allerdings darauf achten, dass mein Reden nicht eine Art von Ablenk- oder Ausweichmanöver darstellt. Wenn ich die Übung schweigend durchführe, kann ich stärker in Kontakt mit den Gefühlen sein, die ich mit der gewählten Person oder Situation verbinde.

Da ich **„zu dem werde, auf das ich meine Aufmerksamkeit richte"**, erlaubt die Stille mir, mich stärker auf die Ebene meines Herzens♥ zu begeben. Es kann sein, dass bei der Übung alte Ängste oder Emotionen hochkommen. Wenn ich schweige, kann ich mir ihrer **bewusst** werden und sie willkommen heißen, was sehr befreiend sein kann. Womöglich empfange ich sogar einige Informationen, wenn ich still in mich hineinhorche. Ein Heilungsprozess kann in Gang kommen, weil ich mithilfe der Übung eine schriftliche Bitte zur Lösung einer Situation zum Besten aller Beteiligten formuliert habe. Ich bringe die **Liebe** zurück in die Situation, weil ich meine Verstrickung und Abhängigkeit in Bezug auf eine bestimmte Person oder Situation aufgebe.

Ab welchem Alter kann man die Übung durchführen?

Als Erwachsener kann ich die *Technik* in der Regel problemlos anwenden, aber auch Kinder können dies bereits tun und zwar von dem Moment an, in dem sie einfache Strichmännchen zeichnen können. In der Regel ist dies mit etwa drei Jahren der Fall. Ich kann die Übung dem Kind wie ein Spiel präsentieren und auch so mit ihm durchführen.

Ein Beispiel aus der Praxis: Ein Junge von sieben oder acht Jahren, der in der Schule Probleme mit einem anderen Schüler namens Luke hatte, machte die Übung für sich und seine Beziehung zu Luke. Als er am nächsten Tag aus der Schule nach Hause kam, rief er schon in der Tür: *„Mama, Mama, Luke ist jetzt mein Freund!"*

Wenn das Kind zu klein ist, um zeichnen zu können, oder noch ein Baby, kann ich die Technik nur auf folgende Weise durchführen:

Ich
(Vor- und Nachname)

Kleinkind/Baby
(Vor- und Nachname)

Nachdem ich diese beide Zeichnungen erstellt habe, was den ersten beiden Schritten der Übung entspricht, fahre ich mit den Schritten 3 bis 7 fort.

....

Wenn ich die Übung auf diese Weise durchführe, harmonisiere ich meine Beziehung zu dem Kind, durchtrenne Verstrickungen und Abhängigkeiten und gebe dem Kind so ein erhöhtes Sicherheitsgefühl. Als Elternteil möchte ich mein Kind natürlich so weit wie möglich vor der Umwelt schützen. Dieser Schutz kann jedoch auch zu weit gehen und das Kind daran hindern, Situationen zu erleben, die wichtig für seine Entwicklung sind. Indem ich die Übung mit meinem Kind durchführe, zeige ich ganz bewusst mein Vertrauen in das Kind und das Leben. Mein Verhalten als Vater oder Mutter ist dann nicht geprägt durch Ängste und Gedanken darüber, was alles passieren könnte. Stattdessen richte ich meine Aufmerksamkeit auf das, was gut gehen könnte. Das senkt den Stresspegel für mich und mein Kind, das zudem instinktiv mein höheres Maß an innerer Sicherheit und meine Offenheit für neue Erfahrungen spüren wird.

Es ist wichtig zu wissen, dass Kinder sehr sensibel auf ihre Eltern reagieren und die inneren Konflikte der Eltern ausagieren. Wenn mein Kind beispielsweise hyperaktiv ist, dann liegt es daran, dass ich selber es auch bin. Vielleicht nur zu 5 Prozent, vielleicht aber auch zu 25, 75 oder 100 Prozent! Auch wenn ich äußerlich den Eindruck einer ruhigen Person mache, ist es für mich *unmöglich*, ein hyperaktives Kind zu haben und selbst diese Eigenschaft nicht aufzuweisen, und sei es nur zu einem geringen Prozentsatz. Wenn ich daher die Übung mit meinem hyperaktiven Kind durchführe, sieht dies so aus:

Lucie Bernier

Hyperaktives Kleinkind[*] Bernier

Nachdem ich diese beide Zeichnungen erstellt habe, was den ersten beiden Schritten der Übung entspricht, fahre ich mit den Schritten 3 bis 7 fort.

....

Indem ich diese Form wähle, bitte ich um Harmonisierung meiner Beziehung zu meinem hyperaktiven Kind, harmonisiere aber gleichzeitig auch meine eigene Beziehung zur Hyperaktivität. Als nächstes kann ich die Übung mit mir selbst durchführen:

Ich (Vor- und Nachname)[**]
ruhig und gelassen

Ich (Vor- und Nachname)[***]
hyperaktiv

Nachdem ich diese beide Zeichnungen erstellt habe, was den ersten beiden Schritten der Übung entspricht, fahre ich mit den Schritten 3 bis 7 fort.

---

* Hier setze ich den Vornamen des Kindes ein.

** Ich setze meinen Vor- und Nachnamen ein.

*** Ich setze meinen Vor- und Nachnamen ein.

Wie zeige ich einem Kind oder Erwachsenen, wie man die Übung durchführt?

Wenn ich einem Kind die Übung zeigen möchte, setze ich mich neben es. Jeder von uns hat vor sich ein leeres, weißes Blatt Papier liegen und einen Bleistift. Ich führe die Übung gleichzeitig mit dem Kind (oder auch dem Erwachsenen) durch und der andere überträgt meine Figuren auf sein Blatt. Ich bitte den anderen, genau das zu zeichnen, was ich zeichne oder aufschreibe.

Als Erstes muss ich natürlich herausfinden, welche Situation das Kind harmonisieren möchte. Wenn meine Tochter, die ich hier einfach einmal Nathaly nenne, beispielsweise Probleme mit ihrem Mathelehrer hat, setze ich mich neben sie und wir führen die Übung gemeinsam durch.

Zusammen mit **Nathaly** zeichne ich nun zuerst die Figur auf der linken Seite und wir schreiben beide den Namen **Nathaly Bernier** (den Namen meines Kindes) darunter. Jeder von uns benutzt sein eigenes Blatt Papier.

Als Nächstes zeichne ich nun zusammen mit **Nathaly** die Figur auf der rechten Seite und wir schreiben den vollständigen Namen ihres Mathelehrers darunter (oder nur den Nachnamen, wenn der Vorname unbekannt ist).

Wenn **Nathaly** der Name gerade nicht einfällt, kann ich stattdessen „mein Mathelehrer" schreiben. Wir fertigen also folgende Zeichnung an:

Nathaly Bernier

Herr Schlaumeier

Nachdem ich diese beide Zeichnungen erstellt habe, was den ersten beiden Schritten der Übung entspricht, fahre ich mit den Schritten 3 bis 7 fort.

ODER

Nathaly Bernier

Mein Mathelehrer

Nachdem ich diese beide Zeichnungen erstellt habe, was den ersten beiden Schritten der Übung entspricht, fahre ich mit den Schritten 3 bis 7 fort.

ODER

Nathaly Bernier

Grundkurs Mathe, Notre-Dame-Schule

Nachdem ich diese beide Zeichnungen erstellt habe, was den ersten beiden Schritten der Übung entspricht, fahre ich mit den Schritten 3 bis 7 fort.

Wenn mein Kind weder schreiben noch zeichnen kann, lege ich meine Hand über die seine und helfe ihm, indem ich die Hand führe. Das Gehirn des Kindes wird die Information auf zweierlei Weise aufnehmen. Zum einen wird bei diesem Vorgang Information von Gehirn zu Gehirn – nämlich von meinem zu seinem – weitergegeben. Zum zweiten nimmt das Unterbewusstsein des Kindes dadurch, dass seine Hand die Bewegung des Zeichnens und des Schreibens ausführt, die Information auf.

Natürlich kann es sein, dass die Namen ein wenig unleserlich sind, aber das ist nicht weiter schlimm – **die Botschaft wurde in jedem Fall**

übermittelt! Wichtig bei der Arbeit mit Kindern ist, den Vorgang einfach zu halten und das Ganze *wie ein Spiel aufzuziehen,* weil das Unterbewusstsein nicht zwischen Spiel und Realität unterscheiden kann. Wenn wir die Übung spielerisch ausführen, steigen die Chancen auf Erfolg, weil der Verstand weniger Widerstände aufbaut.

Können auch blinde Menschen die Übung ausführen?

JA! Hierbei geht man genauso vor wie bei einem Kind und legt die eigene Hand über die Hand der blinden Person. Ich erkläre der Person zuerst alle sieben Schritte, damit sie diese visualisieren und sich im Kopf vorstellen kann.

Dann nehme ich ihre Hand und mache die Übung mit ihr. Während ich die Hand führe, sage ich genau, was ich gerade zeichne. Das sieht dann beispielsweise so aus: „Ich zeichne jetzt zuerst dich und beginne beim Kopf, dann kommen der Körper, die Arme und die Beine. Ich zeichne nun Augen, Nase und einen Mund mit einem breiten Lächeln und dann schreiben wir deinen Vor- und Nachnamen darunter. Das war der erste Schritt." Genauso gehe ich dann bei den weiteren sechs Schritten vor. Bei Schritt sieben kann die blinde Person das Blatt dann selbst mit einer Schere durchtrennen. Dazu kann ich das Blatt einmal nach innen und anschließend einmal nach außen falten, sodass eine klare „Spur" entsteht, der die Person mit der Schere folgen kann. Im Zweifelsfall muss ich entscheiden, ob die Person in der Lage ist, das Blatt selbst durchzuschneiden, oder ob ich ihre Hand aus Sicherheitsgründen besser führen sollte. Die Person kann das Blatt natürlich auch in der Mitte durchreißen.

Kann ein körperlich oder geistig behinderter Mensch die Übung durchführen?

JA! Wenn eine Person aus irgendwelchen Gründen ihre Arme und Beine nicht benutzen kann, wenn die Person beispielsweise querschnittsgelähmt ist, aufgrund eines Unfalls nicht schreiben oder zeichnen kann oder Ähnliches, kann ich mich neben sie setzen und die Übung für sie ausführen, während ich erkläre, was genau ich da tue. Bei Menschen mit eingeschränkter Bewegungsfähigkeit ist es wichtig, dass ich mir eine temporäre Verbindung zwischen unseren beiden Herzen♥ vorstelle, um noch stärker verbunden zu sein und noch bessere Ergebnisse zu erzielen.

Wenn also beispielsweise mein Neffe Alexander Martin, der seine Hände aufgrund eines Unfalls nicht nutzen kann, in der Kindertagesstätte Probleme hat, kann ich die Übung an seiner statt und *in seiner Gegenwart* durchführen. Dabei erkläre ich ihm einfach, was ich jeweils zeichne.

Alexander Martin in vollkommener Harmonie in der Kita* ________

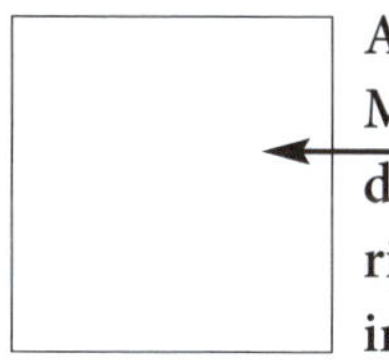

Alexander Martin und die schwierige Situation in der Kita ________

Dann führe ich in seiner Gegenwart *die restlichen fünf Schritte durch.*

* Hier setze ich den Namen der Kindertagesstätte ein.

ODER

Alexander Martin **Erzieher/Erzieherin in der Kita* ___________**

Dann führe ich in seiner Gegenwart *die restlichen fünf Schritte durch.*

ODER

Alexander Martin **Anni Sauvé****

Dann führe ich in seiner Gegenwart *die restlichen fünf Schritte durch.*

ODER

Die Kinder in der Kita* ___________** ****

Alexander Martin

Dann führe ich in seiner Gegenwart *die restlichen fünf Schritte durch.*

---

* Hier setze ich den Namen der Kindertagesstätte ein.

** Wenn ich den Namen des Erziehers/der Erzieherin kenne.

*** Hier setze ich erneut den Namen der Kindertagesstätte ein.

**** Ich wähle hier ein Rechteck, weil mehrere andere Personen involviert sind.

Ich kann sogar alle vier Übungen machen! Im Anschluss kann ich dann Alexander fragen, ob er etwas gespürt hat. Kinder haben eine sehr feine Wahrnehmung und ihre Kommentare können manchmal sehr erhellend sein. Und wenn er gar nichts gespürt hat, ist das ebenso in Ordnung!

Wenn ich bei der Übung nichts fühle, bedeutet dies nicht, dass sie nicht funktioniert, und umgekehrt. Die Übung wirkt in jedem Fall, allenfalls kann das Maß der Wirkung unterschiedlich sein.

Was ist, wenn eine Person im Koma liegt?

Wenn ich eine Person kenne, die im Koma liegt oder bewusstlos ist, kann ich die Übung nicht ohne ihre Zustimmung für sie machen. Die einzige Weise, wie ich die Übung in diesem Fall durchführen kann, ist, indem ich mich selbst auf die linke und die im Koma liegende Person auf die rechte Seite setze.

Lucie Bernier
bei vollem Bewusstsein

Josué Archambault
im Koma

Nachdem ich diese beide Zeichnungen erstellt habe, was den ersten beiden Schritten der Übung entspricht, fahre ich mit den Schritten 3 bis 7 fort.

KAPITEL 8

Nach der Anwendung und über die Auswirkungen: Antworten auf häufige Fragen

Wie oft muss ich die Übung durchführen?

Im Grunde genommen reicht eine einmalige Anwendung aus, aber wenn ich mich dann sicherer fühle, kann ich die Übung auch mehrmals für die gleiche Situation durchführen. Menschen, die schon länger Erfahrungen mit der Technik gesammelt haben, sagen, dass sie die Übung so oft mit einer Person oder Situation durchführen, bis diese für sie mit keinerlei schwierigen Gefühlen mehr verbunden ist. *Wichtig ist, dass ich bei jedem Anwenden der Technik alle sieben Schritte in der richtigen Reihenfolge ausführe.*

Es ist nicht richtig, dass die Übung 21 Tage lang ausgeführt werden muss, damit sie Wirkung zeigt.* Die Regel der 21 Tage gilt eher für das

* Manche Menschen behaupten tatsächlich, dass dies notwendig ist. Doch auch wenn diese Vorstellung für einige hilfreich sein mag, darf sie nicht zu einer Bedingung für das erfolgreiche Funktionieren der Übung erhoben werden. Wie viele Wunder sind in der Welt schließlich bereits mithilfe von „nur einmal" geschehen!

Ausbilden von neuen Gewohnheiten. Bei der *Strichmännchen-Technik* hingegen sollte in Bezug auf die Ergebnisse das Gesetz der Erwartungen angewendet werden, welches lautet: ICH WEISS, dass das Ergebnis *sofort* eintritt. Wenn ich Erwartungen in Bezug auf die Zeit hege, die erforderlich ist, um ein Ergebnis zu produzieren, oder wenn ich skeptisch bin oder bereits im Voraus beschlossen habe, dass es *„sowieso nicht funktioniert"*, dann muss ich mich nicht weiter über das Ausbleiben eines Ergebnisses wundern. Schließlich passiert genau das, was ich erwartet habe! Daher ist es wichtig, dass ich eine offene Haltung bewahre und mir folgenden Satz zu Herzen nehme:

Hier und jetzt ist alles möglich.

Wie oft am Tag kann ich die Technik einsetzen?

Es gibt hier keine Ober- oder Untergrenze. Ich sollte einfach auf mich hören, insbesondere, wenn ich beispielsweise eine Form von Ermüdung verspüre. Ich kann einige Zeit verstreichen lassen, sodass die Integration geschehen kann, bevor ich die Übung erneut mache. Es ist wichtig, auf meinen Körper zu hören, denn er diktiert den zeitlichen Abstand zwischen den einzelnen Übungen und sagt mir, wann ich eine Pause einlegen sollte. Mein physischer Körper unterliegt ständigem Wandel, und indem ich mich zwischendurch ausruhe, gebe ich ihm und meinen verschiedenen energetischen Körpern die Möglichkeit, sich entsprechend anzupassen.

Eine sehr feinfühlige Person sagte einmal, sie könne die Übung nur einmal pro Tag ausführen, da sie jedes Mal größere innere Veränderungen hervorrufen würde. Andere machen sie mehrmals am Tag und fühlen sich gut damit.

Es gibt keine Verpflichtung, die Übung einmal pro Tag, Woche oder Monat oder noch häufiger zu machen.

Es ist auch möglich, die Übung an einem Tag mit verschiedenen Personen oder Situationen zu machen. Das menschliche Gehirn ist ein äußerst leistungsstarker Computer und es wäre falsch zu behaupten, dass es *„alles durcheinanderbringt, wenn ich die Übung mehr als einmal am Tag ausführe"*.

Zu welcher Tageszeit sollte ich die Übung durchführen?

Die Übung kann jederzeit angewendet werden. Wichtig ist allein, dass man sie überhaupt durchführt!

Wenn ich die Übung einmal gemacht habe, ist das Thema dann für alle Zeit erledigt?

Manchmal JA, aber nicht unbedingt. Ich gehe hier ganz nach meinem Gefühl. Es kann einige Zeit (Minuten, Stunden, Tage, Wochen) dauern, bevor ich *konkrete* Ergebnisse erkennen kann (obwohl vielleicht auf einer subtileren, emotionalen Ebene schon Veränderungen eingetreten sind). Wenn ich das Bedürfnis verspüre, die Übung erneut durchzuführen, dann sollte ich es tun, insbesondere, wenn ich immer noch Erwartungen hege oder an einem bestimmten Ergebnis hänge.

Wenn ich die **Strichmännchen-Technik** regelmäßig nutze, wird sie zu einer Art von Selbsttherapie. Ich lerne stärker wahrzunehmen, was sich bei mir während der Übung auf emotionaler und körperlicher Ebene tut, und kann meine Reaktionen auf die Ergebnisse beobachten. Viele Menschen haben beispielsweise im Laufe der Zeit anhand der Übung ein besseres Verständnis dafür entwickelt, was **Verstrickungen** beziehungsweise **Abhängigkeiten** sind. Zudem kann ich durch die Technik in Situationen, die für mich beunruhigend sind, fokussierter, neutraler, objektiver und weniger reaktiv sein. Ich lerne stärker darauf zu vertrauen, dass sich alles zum Besten wenden wird – ein Prinzip, das man in der Hektik des Alltags nur allzu leicht vergisst.

Die *Technik* unterstützt mich in meiner persönlichen Entwicklung. Ich lerne mich selbst besser kennen und erfahre mehr **Weisheit**, **Freiheit** und bedingungslose **Liebe** in meinem Leben. Wenn ich die *Technik* regelmäßig nutze, entscheide ich mich bewusst dafür, die Bande zu lösen, die ich zu anderen geknüpft habe, all die bewussten und unbewussten Abhängigkeiten, die mich ausbremsen und mich daran hindern, die **totale Freiheit** zu genießen, die mein Geburtsrecht ist!

Inwieweit kann die Technik professionell nützlich sein für jemanden, der anderen hilft (wie Therapeuten, Friseure, Masseure)?

Wenn ich anderen eine Dienstleistung anbiete, bei der ich meinen Klienten sehr nahe komme oder sie sogar berühre (Massage, Haare schneiden), dann kann das sehr anstrengend sein, weil ich mich dauernd in den Energien der anderen bewege.

Eine Person, die aus welchen Gründen auch immer einen Therapeuten aufsucht, hat immer eine Form von BEDÜRFTIGKEIT. Wenn ich BEDÜRFTIG bin, gibt es eine Form von LEERE in mir. Diese LEERE wiederum bedingt, dass leicht in bewusster oder unbewusster Form Verstrickungen und Abhängigkeiten entstehen. Ohne sich dessen bewusst zu sein, kann eine bedürftige Person eine Menge Energie von einer anderen Person abziehen und diese als so etwas wie ihren „Retter" betrachten. Aufgrund ihrer Bedürftigkeit benötigt diese Person etwas und die helfende Person stellt – wenn auch unwillentlich – die Lösung für die Verzweiflung, den Kummer, die Depression oder die Schuldgefühle dar. Das kann sehr schwer zu ertragen sein. Wenn ich also die helfende Person bin oder eine Dienstleistung anbiete, dann stehen meine Chancen besser, wenn mein Klient oder meine Klientin mir in Bezug auf die erwarteten Ergebnisse neutraler und objektiver gegenübersteht. Auch für mich selbst als Therapeut oder Dienstleister bietet es Schutz und Unterstützung, denn ich kann meinen Klienten so objektiver begegnen. Wenn ich selbst Klient bin, kann ich die Technik ebenfalls vor einem Termin anwenden, wodurch die Chancen auf eine positive Beratung oder Behandlung steigen.

Grundsätzlich ist es empfehlenswert, die Technik vor jeder wichtigen Begegnung durchzuführen. Wenn ich beispielsweise REIKI (eine Methode der Energieheilung, bei der die Hände aufgelegt werden und ohne eine bestimmte Absicht universelle neutrale Energie fließt) einsetze, um an Menschen eine energetische Behandlung vorzunehmen, empfiehlt es sich, die Übung durchzuführen, *bevor die Person kommt.*

Können nach Anwendung der Technik körperliche oder emotionale Symptome auftreten?

Dies kann gelegentlich der Fall sein, auch wenn solche Symptome keine notwendige Voraussetzung für eine erfolgreiche Durchführung der Übung sind. Eine Person berichtete, dass bei ihr nach Anwenden der *Technik* Erschöpfung, Frösteln und Halsschmerzen auftraten. Eine andere nannte verstärktes Herz♥klopfen. Es gibt auch Berichte über stärkere Gefühlswahrnehmungen und höhere Emotionalität. Wichtig ist vor allem, DANKE zu sagen und offen zu bleiben für eine Ablösung sowie Heilungsprozesse auf allen Ebenen.

Mein inneres Gleichgewicht beziehungsweise meine Energie passt sich an jede Situation und Person an, mit der ich in Beziehung stehe. Wenn ich die Verbindung unterbreche, bitte ich darum, ein neues Gleichgewicht in meinem Inneren herzustellen. Indem ich die Übung durchführe, passt sich mein Inneres an eine neue Realität an, eine neue

Ebene der Loslösung, und somit auch an eine neue Schwingung. Sobald sich die Energien stabilisiert haben, bin ich stärker im Frieden mit der Person oder Situation und weiß, dass das neue Gleichgewicht auch dazu führt, dass ich in Bezug auf bestimmte Situationen und Personen mehr Ruhe und Gelassenheit empfinde. Abgeklärtheit und Objektivität ergeben sich ganz von allein.

Ein weiterer Indikator kann in unseren **Träumen** gefunden werden. Es kann nach dem Durchführen der Übung vorkommen, dass Träume präsenter werden – ein Anzeichen dafür, dass etwas in Bewegung gekommen ist. Ich kann meine Träume aufschreiben und analysieren, weil es möglich ist, dass über diesen unbewussten Informationskanal direkte Antworten auf meine Fragen in mein **Bewusstsein** dringen.

Meine Träume können friedlich sein oder die Form von Albträumen annehmen. Ist Letzteres der Fall, bedeutet dies lediglich, dass bezüglich der Situation eine Befreiung stattgefunden hat. In beiden Fällen jedoch signalisiert der Traum, dass mein Unterbewusstsein arbeitet, auch wenn dies auf unterschiedliche Weise passiert. Es ist natürlich auch möglich, dass unruhiger Schlaf und aufwühlende Träume durch Stress im Berufs- oder Privatleben verursacht werden und nur wenig oder nichts mit dem Durchführen der Übung zu tun haben.

Welches Ergebnis kann ich nach dem Durchführen der Übung erwarten und wie lange hält es an?

Wenn ich die Übung durchführe, tritt das Ergebnis unmittelbar ein, ganz gleich, ob die Person, mit der ich die Übung durchgeführt habe, um die Ecke wohnt oder am anderen Ende der Welt.

Das Ergebnis hängt zum einen vom Grad der Verstrickung mit der anderen Person ab und zum anderen von meiner Offenheit für Veränderungen, also der Bereitschaft loszulassen und das Ergebnis zu akzeptieren ↓♥. Ich muss mir **bewusst** machen, dass manche Situationen, für die ich die Übung mache, bereits seit langer Zeit bestehen. Es ist durchaus möglich, dass sich alles gleich beim ersten Mal auflöst, aber es kann auch sein, dass weiteres Arbeiten notwendig ist und sich zunächst nur das Ausmaß oder der Prozentsatz der Verstrickung ändert.

Wie hoch der Prozentsatz der Änderung sein wird – ob 5, 30, 50 oder 100 Prozent – hängt vom jeweiligen Fall ab. Doch ganz gleich, wie hoch er ausfällt: Es ist wunderbar, eine einfache Übung machen zu können, die nur wenige Minuten in Anspruch nimmt und nach der ich mich gleich besser fühle! Ich kann die Erfahrung machen, dass mir bestimmte Situationen zwar nach dem Anwenden der Technik äußerlich kaum verändert erscheinen, ich mich dabei aber innerlich besser fühle. Ich fühle mich nicht mehr vollkommen überwältigt von der Situation, sondern habe einen gewissen Grad an Abgeklärtheit und Objektivität erreicht. Daraus resultiert ein stärkeres Gefühl von **Freiheit** und Wohlbefinden.

Es kann auch vorkommen, dass ich eine Situation verändern möchte, das Leben mir aber zuvor noch einige Lektionen erteilen will. In diesem Fall wird die Situation noch etwas länger anhalten, damit sie mir noch stärker **bewusst** wird und ich an **Weisheit** gewinnen kann. Ein Beispiel hierfür wäre, wenn ich mir immer wieder Lebenspartner mit dem gleichen „Fehler" aussuche. Selbst wenn ich mich von meinem aktuellen Partner trenne, ziehe ich weiterhin die gleiche Art von Person an. Warum? Weil ich eine innere Verletzung habe, die erst geheilt werden muss, bevor das sich endlos wiederholende Muster unterbrochen werden kann.

Es gibt viele Berichte von Anwendern, bei denen sich das Ergebnis wenige Minuten später zeigte, sodass man fast geneigt ist, von einem „Wunder" zu sprechen. Das Wunder liegt im Akzeptieren ↓♥ und Loslassen, der Öffnung für **bedingungslose Liebe**. Denn es geht letztendlich um das Akzeptieren ↓♥ und um das Loslassen der Kontrolle über Dinge und Personen, auch wenn es großen Mut erfordert, Muster und Gewohnheiten zu verändern. Ich lege mein Bedürfnis, alles verstehen zu wollen, beiseite und führe die Übung mit dem Herzen♥ eines Kindes durch.

Ist es auch möglich, dass sich nichts verändert?

NEIN! Die Veränderungen mögen nicht offensichtlich sein, aber sie sind dennoch vorhanden. Wenn ich beispielsweise auf den Unterleib einer Frau blicke, die sich in der dritten oder vierten Schwangerschaftswoche befindet, kann ich dann mit bloßem Auge die Veränderungen sehen, die in ihrem Körper stattfinden? **Keineswegs!** Vielleicht bemerkt sie nicht einmal selbst, dass sie schwanger ist, obwohl wichtige Veränderungsprozesse in ihrem Körper stattfinden.

Manchmal ist es besser, wenn sich ein Wandel später vollzieht oder schrittweise. Es ist nicht meine Aufgabe im Vorhinein zu entscheiden, was gut für mich ist.

Denken Sie daran: Ich wünsche mir das Beste für mich, für die andere Person und für uns beide.

Ein Beispiel: Nehmen wir einmal an, ein junger Mann namens Daniel führt die Übung durch, weil er unbedingt in einer Paarbeziehung mit einer Frau namens Chantal sein will. Daniel führt also die Übung mit der einzigen Absicht durch, Chantal als Partnerin zu gewinnen, was allerdings nicht passiert. Hat nun die Übung versagt oder war es womöglich besser für Daniel, nicht mit Chantal zusammenzukommen?

Häufig dient die Tatsache, dass bestimmte Dinge oder Personen nicht Teil meines Lebens sind, auch wenn ich es mir sehr wünsche, allein meinem Schutz. Mein höheres Selbst weiß besser als mein menschliches **Bewusstsein**, was gut für mich ist.

Kann es sein, dass ich die Situation falsch gedeutet habe?

NEIN! Ich kann die Übung allerdings erneut ausführen und diesmal die Situation und die involvierten Menschen klarer definieren. Wenn ich beispielsweise meine Situation am Arbeitsplatz harmonisieren möchte und die Übung zuerst mit mir und allen Kollegen durchgeführt habe, kann ich beschließen, die Übung zusätzlich für jeden einzelnen Kollegen und meinen Chef durchzuführen.

Manchmal denke ich vielleicht, dass ich das falsche Thema gewählt oder die Übung falsch durchgeführt habe, weil ich den *Eindruck* habe, dass nichts passiert.

Kann es sein, dass es gar nichts zu verändern gab?

NEIN! Selbst wenn ich die Übung mit einer Person mache, zu der ich ein harmonisches Verhältnis habe, ist es recht unwahrscheinlich, dass meine Verstrickung mit ihr oder meine Abhängigkeit von ihr bei 0 Prozent liegt. Mithilfe der Übung kann ich selbst geringfügige Verstrickungen lösen, die mich in meiner Freiheit einschränken. Vielleicht sehe ich keine konkreten Ergebnisse, weil meine Beziehung bereits recht gut ist, aber es wird Ergebnisse auf einer anderen Ebene geben, wie beispielsweise der emotionalen oder spirituellen.

Was kann die Ergebnisse oder ihre Manifestierung beeinträchtigen?

- Meine Ängste und Widerstände gegen Veränderung
- Meine Skepsis, die mich dichtmachen lässt
- Meine eventuell zu großen Erwartungen
- Meine Verstrickung in Bezug auf die Ergebnisse
- Meine Weigerung, die eingetretenen Veränderungen anzuerkennen

Vielleicht habe ich auch Angst, diese Übung durchzuführen, weil sie freier von einer bestimmten Person macht und ich demzufolge mehr Verantwortung für mein eigenes Leben übernehmen muss. **Es ist jedoch wichtig, dass ich mir bewusst mache, dass ich im Gegenzug an Liebe, Weisheit und Freiheit gewinne.**

Manchmal kann es mir auch Angst machen, mehr Glück in meinem Leben zu erfahren, weil es ungewohnt ist. Ich sollte dann vertrauen und akzeptieren ↓♥, dass ich bereit bin für mehr Fülle in meinem Leben, auf welcher Ebene und in welchem Maße auch immer! Wenn ich mich auf ein glücklicheres Leben zubewege, bedeutet dies auch mehr Verantwortung und hier können noch versteckte Ängste sitzen.

Ich akzeptiere ↓♥ hier und jetzt Fülle in allen Bereichen meines Lebens!

Mehrere Menschen berichteten zunächst, dass sie keinerlei Veränderungen bemerkt hätten, sagten dann aber nach einem Moment des Überlegens Dinge wie:

„Es hat sich nichts verändert, aber wir streiten nicht mehr so viel …“

„Es hat sich nichts verändert, aber wir können jetzt besser miteinander reden …“

„Sein Verhalten hat sich nicht verändert, aber im Gegensatz zu früher stört es mich jetzt nicht mehr …"

Es gab also Veränderungen, sie entsprachen nur nicht den Erwartungen!

Denken Sie noch einmal in Ruhe nach, bevor sie behaupten, es hätte sich nichts verändert!

Kann eine Person, für die ich die Übung durchführe, eine Reaktion darauf zeigen oder sich schlecht fühlen?

Das hängt stark davon ab, wie sensibel oder feinfühlig die Person ist. Wie wir ja wissen, sind wir alle miteinander verbunden. Wir alle kennen dieses Gefühl, dass eine Person, die wir **lieben** und die gerade eine schwierige Zeit durchmacht, uns plötzlich im Kopf herumschwirrt, auch wenn sie sich momentan in einer anderen Stadt, einem anderen Land oder gar auf einem anderen Kontinent befindet. Manchmal klingelt kurz darauf das Telefon und genau diese Person meldet sich und braucht Hilfe. Wenn ich also die *Technik* einsetze, kann es durchaus vorkommen, dass die andere Person dies in irgendeiner Form wahrnimmt und eine Art von telepathischer Verbindung spürt. Das muss aber nicht sein und es entzieht sich meiner Kontrolle.

Wenn eine Person ihr Verhalten verändert, nachdem ich mit ihr die Übung durchgeführt habe, und ich den Eindruck gewinne, dass ihre Reaktionen auf mich eher stärker geworden sind, dann spürt sie womöglich unbewusst, dass ich die Verbindungslinien zwischen uns durchtrennt habe. Vielleicht findet sie es schwierig loszulassen oder ich habe in ihr beispielweise die Angst ausgelöst, mich zu verlieren. Diese Angst war auch zuvor schon vorhanden, aber die *Technik* hat sie zutage gebracht, sodass sie uns nun beiden **bewusster** ist. Durch die Übung hat sich unsere Beziehung ja bereits verändert und die andere Person kann sich diese Veränderung womöglich nicht erklären. Das trifft insbesondere auf Menschen zu, die stark „verkopft“ sind und gerne alles kontrollieren möchten. Wenn diese den Eindruck gewinnen, dass sie die Kontrolle über etwas oder jemanden verloren haben, kann dies eine destabilisierende Wirkung haben. In solchen Fällen ist es meist so, dass die Person zwar stärker auf mich reagiert als zuvor, ich aber auch mehr bei mir bin, sodass diese Reaktionen mich weniger beeinflussen.

Das folgende Beispiel hörte Jacques Martel bei einem Erfahrungsaustausch im Frühjahr 2013 auf Tahiti. Eine ältere Dame von rund 80 Jahren hatte einen Sohn, der gleich nebenan wohnte, sich ihr gegenüber aber nicht sehr nett verhielt und außerdem trank. Nachdem sie mit ihm die **Strichmännchen-Technik** gemacht hatte, wurde er verbal noch ausfallender und warf ihr alle möglichen Dinge an den Kopf. Jacques Martel war zunächst ein wenig erstaunt darüber, da sich Situationen in der Regel nach Anwendung der Technik eher beruhigen. Er fragte sich, welchen positiven Effekt das Durchführen der Übung für die alte Dame gehabt hatte, und bekam seine Antwort, als sie verkündete, dass *das Verhalten ihres Sohnes sie nun nicht mehr kümmern würde.* Also hatte sie ein höheres Maß an Unabhängigkeit und Loslösung von der Situation mit ihrem Sohn erreicht.

Wenn die reagierende Person eine ist, die ich **liebe** (Familie, Lebenspartner, Freund/Freundin und so weiter), muss ich sie lediglich beruhigen, sie meiner **Liebe** versichern und ihr erklären, dass ich mich gerade in einem Wandlungsprozess befinde. Sollte die andere Person meinem Gefühl nach offen dafür sein, kann ich ihr die Übung erklären und die Gründe anführen, warum ich sie durchführe. Habe ich hier eher meine Zweifel, spreche ich besser nicht darüber, da ich den anderen sonst weiter verunsichern könnte.

Können die Ergebnisse negativ sein?

NEIN! Ich mag den *Eindruck* haben, dass die Ergebnisse *andere* sind als die, die ich erwartet habe, und so zu dem Schluss kommen, dass sie negativ sind. Nehmen wir einmal an, ich will mein Haus verkaufen und führe die Übung mit dem Ziel durch, einen Käufer zu finden. Nach ein paar Tagen oder Wochen ist immer noch keiner in Sicht. Bedeutet dies, dass die Technik versagt hat? Ich wage mal zu behaupten: **NEIN!** In diesem Fall gilt es, sich die richtigen Fragen zu stellen:

1. Will ich mein Haus wirklich verkaufen?
2. Sind meine Bindung an das Haus und die damit verknüpften Erinnerungen stärker als mein Wunsch oder die Notwendigkeit, es zu verkaufen?
3. Muss ich es wirklich verkaufen oder gibt es eine andere Lösung, die es mir ermöglichen würde, es zu behalten?
4. Leben andere Menschen mit mir zusammen, die sich bewusst oder unbewusst dagegen sträuben, es zu verkaufen?
5. Fordere ich unbewusst einen sehr hohen Preis für mein Haus, um mögliche Käufer abzuschrecken?

Wenn ich offen bleibe und bereit bin, mir den scheinbaren Mangel an Ergebnissen genauer anzuschauen, werde ich mich selbst besser kennen lernen und kann womöglich Dinge in meinem Leben verändern, sodass ich mich vielleicht gar nicht mehr von meinem Haus trennen muss. Und wenn ich es doch verkaufen will, habe ich an Teilen meiner selbst gearbeitet, die mir zuvor nicht bewusst waren, wie beispielsweise meinen Ängsten oder meiner Verstrickung mit dem Haus. Vielleicht habe ich auch generell Angst vor Veränderungen und fühle mich in Bezug auf meine Zukunft unsicher.

Ein weiteres Beispiel ist die Dame, die ihren Lebenspartner vier Mal die Woche traf und nun, nachdem sie die Übung durchgeführt hat, nur noch ein bis zwei Mal pro Woche mit ihm verabredet ist. Sie *bewertet* das Ergebnis als negativ, weil sie gewünscht hatte, noch öfter mit ihm zusammen zu sein. Die Frage ist: Möchte ich das Ergebnis kontrollieren? Oder könnte es nicht sein, dass es das Beste für beide Personen ist, wenn sie sich weniger häufig sehen? Wir kennen die Situation natürlich nicht genau, aber manchmal sehe ich einen anderen Menschen als Selbstverständlichkeit an und wenn ich ihn seltener treffe, weiß ich die gemeinsam verbrachte Zeit womöglich mehr zu schätzen. **Liebe** lässt sich nicht in Form der Zeit, die man miteinander verbringt, messen. Es geht vielmehr um die Qualität der Beziehung. Wenn ich mir klarmache, dass der andere sich frei entscheiden kann und ich diese Entscheidung dann auch akzeptiere ↓♥, sind alle Verstrickungen und Abhängigkeiten aufgelöst. Manchmal präsentiert mir das Leben Situationen, die mir helfen, mir solche Tatsachen **bewusst** zu machen.

Ich wiederhole: Ich muss das Beste für mich und die andere Person wünschen und ich darf den anderen nicht kontrollieren, denn dann wären wir wieder beim Thema Verstrickung und Abhängigkeit!

Woher weiß ich, dass es wirkt, beziehungsweise wie erkenne ich die Ergebnisse, wenn sie sich nicht offensichtlich zeigen?

Wenn ich die Situation betrachte, für die ich die Übung durchgeführt habe, dann ist es wichtig, meine Erwartungen in Bezug auf das Ergebnis abzulegen.

Wenn beispielsweise die Beziehung zu meiner Tochter gerade schwierig ist und sie sehr stark auf mich reagiert, Wutanfälle hat und sich weigert, mit mir zu reden, dann muss ich mir zum einen ansehen, was passiert, zum anderen aber auch, **wie ich mich dabei fühle**.

a. Zeigt meine Tochter ständig das gleiche Konfliktverhalten?
b. Tritt das Verhalten genauso häufig auf wie vor der Übung oder werden die zeitlichen Abstände größer?
c. Wenn sich das Verhalten meiner Tochter nicht verändert hat, ist meine Reaktion darauf ebenfalls gleich geblieben oder hat sie sich verändert?
d. Stehe ICH SELBST meiner Tochter und der Situation ruhiger und abgeklärter gegenüber?
e. Habe ich mir unabhängig vom Ergebnis Fragen gestellt oder mich bemüht herauszufinden, warum es diese Situation in meinem Leben gibt? Ist mir klar, was ich daraus lernen soll?
f. Hat die Übung es mir ermöglicht, mehr Klarheit darüber zu gewinnen, was ich in meinem Leben will und was ich daraus entfernen möchte?

All diese Aspekte können ein Indiz dafür sein, dass sich auf der einen oder anderen Ebene etwas getan hat.

Übung: Ich kann auch meine innere Stimme, meine intuitive Seite, fragen: „Wie viel Prozent Veränderung ist eingetreten?" Ich lasse ohne zu bewerten zu, dass die Antwort aus meinem Herzen♥ aufsteigt. Ganz gleich, wie die Antwort ausfällt, ich sage: DANKE!

Ich kann dann die Entscheidung treffen, die Übung eine gewisse Zeit lang so oft ich möchte zu wiederholen, wenn ich den Prozentsatz entsprechend steigern möchte.

Kann ich die Wirkung der Übung rückgängig machen?

Was ist, wenn ich die Übung mit einer anderen Person durchführe und mit dem Ergebnis nicht zufrieden bin? Diese Frage stellte sich eine Person, die hoffte, einem Expartner wieder näherzukommen. Das Ergebnis war jedoch eine endgültige Trennung.

Es ist wichtig sich eines bewusst zu machen: Wenn ich einer Person um jeden Preis näherkommen möchte, dann weil ich eine **gefühlsmäßige Abhängigkeit** ihr gegenüber habe, und das ist das Gegenteil von **bedingungsloser Liebe**. Diese Methode ermöglicht es mir, **gefühlsmäßige Abhängigkeiten** hinter mir zu lassen. Da ich immer um „*das Beste für mich selbst und für die andere Person gemäß unserer Entwicklung*" bitte, muss ich akzeptieren ↓♥, dass das Beste in diesem Moment eine Trennung ist. Mein Kummer mag mir nicht erlauben zu verstehen, warum es das Beste ist, aber ich bleibe offen dafür, dass mir dies offenbart wird!

Aus diesem Grund muss ich die durchgeführte Übung nicht „rückgängig machen", denn sie hat funktioniert und mir genau das gegeben, was ich gebraucht habe, nämlich Klarheit. Eine wahre **Liebe** wird dauerhaft Bestand haben, ob ich die Übung nun durchführe oder nicht.

Ich durchtrenne nur die Verstrickung und die Abhängigkeit, NICHT DIE LIEBE!

Wie kann ich den Prozess weiter fördern, nachdem ich die Verbindungslinien durchtrennt habe?

Mein Rat wäre, zu meditieren und mein Inneres um die Information zu bitten, bis zu welchem Prozentsatz bereits eine Ablösung eingetreten ist. Ich kann die Übung so oft durchführen, wie ich es für nötig halte, und **danach** jedes Mal „*Danke*" sagen. Es ist nicht möglich, die Übung zu häufig zu machen. Wenn alle Verstrickungen durchtrennt wurden, dient sie dazu, den veränderten Zustand zu konsolidieren.

Ich kann das in Kapitel 10 enthaltene **Programm** regelmäßig ausführen oder immer dann, wenn ich es für notwendig erachte. Es ist eine Art von innerem „Frühjahrsputz", weil sich im Laufe der Zeit eine Menge Staub (in Form von Verstricken und Abhängigkeiten) angesammelt hat. Ich kann mein Leben von belastenden Verbindungen befreien, indem ich die **Strichmännchen-Technik** anwende.

Zusammenfassung zum Thema Ergebnisse

Wie auch immer das Ergebnis aussehen mag, ich sage DANKE!

Wie bereits erwähnt, sollte ich eine positive Einstellung haben, wenn ich die Übung ausführe, und das bedeutet:

Ich wünsche mir das Beste für mich und für die andere Person.

Was das Beste ist? Ich mag eine Vorstellung davon haben, was das Beste für mich ist, und hege vielleicht bestimmte Erwartungen. Dennoch muss ich dem Prozess vertrauen, den ich mit dieser Methode in Gang setze. Wenn mich meine innere Stimme dazu geführt hat, die **Strichmännchen-Technik** zu erlernen, dann weil ich bereit bin, die bewussten und unbewussten Verstrickungen mit Personen und Situationen in meinem Leben zu lösen.

KAPITEL 9

Beispiele für die zahlreichen Anwendungsmöglichkeiten der Technik

Auf den folgenden Seiten werden Beispiele für Situationen beschrieben, in denen die **Strichmännchen-Technik** angewendet werden kann. Sie entstanden aus Fragen, die Menschen in den letzten Jahren gestellt haben, und einer Umfrage unter Klienten. Teilweise handelt es sich auch um persönliche Erfahrungen der Autoren.

Die Beispiele sollen die Vielfalt der Anwendungsmöglichkeiten der Technik zeigen, wobei damit keinerlei Einschränkung verbunden ist. Ich kann die Übung mit jeder beliebigen Situation und Person durchführen. Durch das Lesen der Beispiele kann ich das Konzept der *Technik* besser integrieren, was mir mehr Klarheit darüber verschafft, welche Kombinationen ich verwenden kann.

Einige Beispiele werden zudem ausführlicher erklärt, um die Haltung zu verdeutlichen, mit der ich die Übung durchführe. Dabei geht es vor allem darum, **das zu wollen, was „das Beste für mich selbst und die andere Person" ist**. Es ist wichtig, loszulassen und die Ergebnisse nicht kontrollieren zu wollen, denn dies wäre bereits wieder eine Form von Verstrickung.

Die grundlegenden Prinzipien zur Festlegung von Figur 1 und Figur 2

1. **Ich bestimme die Situation, die ich verbessern möchte, sei sie nun positiv oder negativ.**
2. **Ich bestimme die Personen, die in diese Situation involviert sind.**
3. **Ich bestimme die Emotionen und Ängste, die ich bezüglich der Situation verspüre.**

Ein Haus kaufen oder verkaufen

Gesetzt den Fall, ich trage mich mit Umzugsgedanken, weil mir woanders eine Stelle angeboten wurde. Auch eine Heirat, Trennung oder Familienzuwachs können ein Umzugsgrund sein. Mit meinem jetzigen Haus verbinden mich viele Erinnerungen. Wenn es sich um schöne handelt, beispielsweise, weil meine Kinder dort aufgewachsen sind oder es sich um mein Elternhaus handelt, in dem ich großgeworden bin, dann kann dies dazu beitragen, **dass ich starke bewusste oder unbewusste Bindungen an dieses Haus habe** und eventuell unbewusst dem Universum mitteile, dass ich mich nicht davon trennen will. Als Folge davon kann es mir schwerfallen, einen Käufer für das Haus zu finden (siehe Seite 111).

Ich riskiere, dass aufgrund meiner Verstrickung an das Haus der Verkauf scheitert. Deshalb ist es wichtig, dass ich, während ich die Verbindungslinien durchtrenne, „DANKE! DANKE! DANKE!“ sage für alles, das in diesem Haus passiert ist, und mich auf diese Weise von ihm löse. Ich tue dies, weil ich das Beste für mich will und weil ich bereit bin, an einem neuen Ort etwas anderes zu erleben. Außerdem wünsche ich das Beste für den Käufer.

Die **Strichmännchen-Technik** hilft mir dabei, bewusste oder unbewusste Verstrickungen zu durchtrennen, die mit dem Verkauf des Hauses verbunden sind. Ich kann mit folgender Übung beginnen:

Lucie Bernier

Der Verkauf
meines Hauses
+ Adresse
+ Preis

Nachdem ich diese beide Zeichnungen erstellt habe, was den ersten beiden Schritten der Übung entspricht, fahre ich mit den Schritten 3 bis 7 fort.

Es ist wichtig, an dieser Stelle festzuhalten, dass ich mein Haus zum richtigen Preis verkaufen möchte. Nehmen wir einmal an, der Wert meines Hauses wird auf 350.000 Euro geschätzt. Wenn jemand verhandeln möchte, kann ich bis auf 325.000 Euro heruntergehen, was dann für mich ein fairer Preis wäre. Auf keinen Fall jedoch möchte ich für 250.000 Euro verkaufen! Meine Haltung sollte also sein: *„Ich will mein Haus zu einem fairen Preis verkaufen und ich möchte, dass alles harmonisch und zum Besten für mich und alle anderen Beteiligten verläuft."*

Zu diesem Zweck kann ich auch folgende Übungen durchführen:

ICH
(Vor- und Nachname)

Makler
(Vor- und Nachname)

Nachdem ich diese beide Zeichnungen erstellt habe, was den ersten beiden Schritten der Übung entspricht, fahre ich mit den Schritten 3 bis 7 fort.

ICH
(Vor- und Nachname)

Käufer meines Hauses*

Nachdem ich diese beide Zeichnungen erstellt habe, was den ersten beiden Schritten der Übung entspricht, fahre ich mit den Schritten 3 bis 7 fort.

....

Ein Beispiel aus der Praxis: Eine Frau berichtete, dass ihr Haus ein Jahr lang zum Verkauf stand, bevor sie die Übung durchführte. Eine Woche nach Anwenden der **Strichmännchen-Technik** hatte sie einen Käufer an der Hand.

Wenn ich ein Haus *kaufen* möchte, gehe ich wie folgt vor:

ICH
(Vor- und Nachname)

Hauskauf**

Nachdem ich diese beide Zeichnungen erstellt habe, was den ersten beiden Schritten der Übung entspricht, fahre ich mit den Schritten 3 bis 7 fort.

....

* Ich setze hier bewusst keinen Namen ein, weil ich nicht weiß, wer der beste Käufer für mein Haus ist.

** Ich kann in das Rechteck genauere Angaben wie Ort, Preis, Anzahl der Räume und so weiter einsetzen.

ICH
(Vor- und Nachname)

Verkäufer des Hauses

Nachdem ich diese beide Zeichnungen erstellt habe, was den ersten beiden Schritten der Übung entspricht, fahre ich mit den Schritten 3 bis 7 fort.

....

ICH
(Vor- und Nachname)

Makler
(Vor- und Nachname)

Nachdem ich diese beide Zeichnungen erstellt habe, was den ersten beiden Schritten der Übung entspricht, fahre ich mit den Schritten 3 bis 7 fort.

....

Wenn ich ein bestimmtes Haus ins Auge gefasst und vielleicht sogar schon ein Angebot gemacht habe, kann ich die Übung folgendermaßen durchführen:

ICH
(Vor- und Nachname)

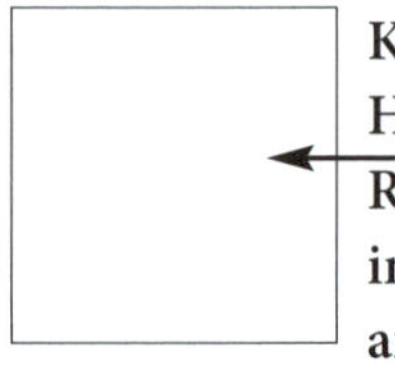

Kauf des Hauses 45 Rue Bouvier in Montreal, angebotener Kaufpreis …

Nachdem ich diese beide Zeichnungen erstellt habe, was den ersten beiden Schritten der Übung entspricht, fahre ich mit den Schritten 3 bis 7 fort.

Da ich immer um das bitte, was das Beste ist, kann es auch sein, dass mein Kaufangebot abgelehnt wird. Warum? Vielleicht hat das Haus versteckte Mängel und es dient meinem Schutz, wenn ich nicht den Zuschlag erhalte. Ich muss Vertrauen haben und den Glauben, dass das, was passiert, stets das beste Ergebnis für mich ist. Wenn ich in dieser Form ergebnisoffen bleibe, wird ein anderes Haus für mich auftauchen und ich werde feststellen, dass es tatsächlich besser ist als das erste, das ich kaufen wollte!

Verkauf oder Kauf von anderen Dingen

Wenn ich beispielsweise ein neues Auto kaufen möchte:

Mein neues Auto

ICH
(Vor- und Nachname)

Nachdem ich diese beide Zeichnungen erstellt habe, was den ersten beiden Schritten der Übung entspricht, fahre ich mit den Schritten 3 bis 7 fort.

Wenn ich bereits bei drei Autohändlern war und überlege, welches wohl der beste ist:

Das beste Auto für mich

ICH
(Vor- und Nachname)

Nachdem ich diese beide Zeichnungen erstellt habe, was den ersten beiden Schritten der Übung entspricht, fahre ich mit den Schritten 3 bis 7 fort.

Mercedes-Autohändler Nr. 1

ICH
(Vor- und Nachname)

Nachdem ich diese beide Zeichnungen erstellt habe, was den ersten beiden Schritten der Übung entspricht, fahre ich mit den Schritten 3 bis 7 fort.

Ford-Autohändler Nr. 2

ICH
(Vor- und Nachname)

Nachdem ich diese beide Zeichnungen erstellt habe, was den ersten beiden Schritten der Übung entspricht, fahre ich mit den Schritten 3 bis 7 fort.

Volkswagen-Autohändler Nr. 3

ICH
(Vor- und Nachname)

Nachdem ich diese beide Zeichnungen erstellt habe, was den ersten beiden Schritten der Übung entspricht, fahre ich mit den Schritten 3 bis 7 fort.

Das Verhältnis zu meinem Zwilling

ICH
(Vor- und Nachname)

Mein Zwilling

Nachdem ich diese beide Zeichnungen erstellt habe, was den ersten beiden Schritten der Übung entspricht, fahre ich mit den Schritten 3 bis 7 fort.

Wenn beispielweise mein Zwilling bei der Geburt gestorben ist, kann ich folgende Übung machen:

ICH
(Vor- und Nachname)

Mein verstorbener Zwilling

Nachdem ich diese beide Zeichnungen erstellt habe, was den ersten beiden Schritten der Übung entspricht, fahre ich mit den Schritten 3 bis 7 fort.

Wenn ich nicht wusste, dass ich vor der Geburt ein Zwillingsgeschwister hatte („verlorener Zwilling")*, wähle ich folgende Form:

ICH (Vor- und Nachname) **Mein unbekannter Zwilling**

Nachdem ich diese beide Zeichnungen erstellt habe, was den ersten beiden Schritten der Übung entspricht, fahre ich mit den Schritten 3 bis 7 fort.

Die Beziehung zu meinem aktuellen oder Exehepartner

Ich kann die Übung mit allen Personen durchführen, mit denen ich längere oder intime Beziehungen hatte, um mich von allen Erwartungen und Verstrickungen zu befreien, die eventuell noch vorhanden sind. Dies gilt speziell dann, wenn ich mit der betroffenen Person Kinder habe und unabhängig davon, ob ich noch mit der Person zusammen bin oder nicht.

* Wir sprechen vom sogenannten **„verlorenen Zwilling"**, wenn einer der beiden Föten während der Schwangerschaft abgeht. Laut Schätzungen einiger Experten hatte jeder achte Mensch im Mutterleib einen Zwilling, aber nur jeder siebzigste wird dann auch tatsächlich mit einem Zwillingsgeschwister geboren.

ICH
(Vor- und Nachname)

Partner oder Ex-Partner
(Vor- und Nachname)

Anschließend fahre ich mit den Schritten 3 bis 7 fort.

Wenn ich die Übung für einen Partner oder Expartner durchführe, ist es besonders wichtig, dass ich mir **das Beste für uns beide** wünsche. Es kann verlockend sein, mithilfe der Technik ein bestimmtes Ergebnis erzielen zu wollen, wie beispielsweise: „*Ich wünsche mir so sehr, dass wir wieder ein Paar werden*“ oder „*Ich hoffe, dass die Übung meinen Partner verändert und er …*“

Ich kann die Technik nicht verwenden, um den anderen zu ändern.

Eine neue Beziehung eingehen

Wenn eine neue Liebesbeziehung beginnt, kann ich die Übung mit mir selbst und der Person, mit der ich die Beziehung eingehe, durchführen. Es ist wichtig, auch hier um das zu bitten, was das Beste für beide ist, und nicht etwa andere Schwerpunkte zu setzen wie beispielsweise: „*Ich möchte unbedingt, dass diese Beziehung funktioniert.*“ Ein solcher Wunsch würde bedeuten, dass ich die Beziehung kontrollieren möchte.

Indem ich die Übung durchführe, komme ich der anderen Person entweder näher oder die Beziehung nimmt ein schnelleres Ende, weil es nicht passt. In letzterem Fall ist es sicher besser, dies so schnell wie möglich zu wissen, anstatt dass Wochen oder sogar Monate vergehen und man am Ende gar den Eindruck hat, man habe *„Zeit vergeudet“*.

Meinem Seelengefährten begegnen

Unter dem Begriff **Seelengefährte** versteht man im alltäglichen Gebrauch des Wortes das perfekte Zueinanderpassen von zwei Menschen in puncto **Liebe**, Freundschaft und/oder Sexualität, während man in esoterischen Kreisen zusätzlich davon ausgeht, dass es **Seelen** gibt, die füreinander bestimmt sind.

Ein weiteres mit dem Begriff **Seelengefährte** verbundenes Konzept ist die Suche nach „der anderen Hälfte meiner selbst“, um so Vollständigkeit zu erlangen. In Wahrheit trage ich bereits beide Teile in mir, aber es kann sein, dass ich einen Partner finde, der diesen „anderen Teil meiner selbst“ besser spiegelt und mich so befähigt, leichter **Erfüllung** zu finden.

Wenn ich bereits seit einiger Zeit keine Beziehung habe, dann liegt dies in der Regel entweder daran, dass der Platz an meiner Seite bewusst oder unbewusst noch von einem Expartner, meiner Arbeit oder sogar meinen Kindern eingenommen wird oder ich aus Angst keine **Liebe**sbeziehung eingehe (weil ich mich davor fürchte, eine Verpflichtung einzugehen, erneut verletzt zu werden, meine **Freiheit** zu verlieren und so weiter). Es ist daher von Vorteil, folgende Übung zu machen:

ICH
(Vor- und Nachname)
in einer Paarbeziehung

ICH
(Vor- und Nachname)
als Single

Anschließend fahre ich mit den Schritten 3 bis 7 fort.

....

ICH (Vor- und Nachname)

Mein Seelengefährte

Anschließend fahre ich mit den Schritten 3 bis 7 fort.

....

Es ist wichtig, die Übung mit allen Expartnern einzeln durchzuführen, weil immer noch eine Form von Verstrickung und Abhängigkeit vorhanden sein kann, derer ich mir nicht **bewusst** bin. Insbesondere, wenn die Trennung von der anderen Person ausging, lebe ich womöglich bewusst oder unbewusst in der Hoffnung, mit dem Expartner wieder zusammenzukommen. Wenn es gemeinsame Kinder gibt, möchte ich vielleicht unbewusst die intakte Familie wiederherstellen, die wir in der Vergangenheit waren. Auch wenn es unangenehm oder unharmonisch war, ist es manchmal leichter, zu etwas Bekanntem zurückzukehren, als sich nach vorne ins Unbekannte zu wagen.

Noch stärkere Verbindungen können bestehen, wenn ich verheiratet war und nach der Trennung keine Scheidung erfolgt ist. Ich kann bereits seit 15 Jahren getrennt sein, aber solange keine Scheidung ausgesprochen wurde, befinde ich mich rechtlich und energetisch auf einer bestimmten Ebene immer noch in einer Paarbeziehung mit dieser Person und der Platz an meiner Seite ist besetzt.

ICH
(Vor- und Nachname)

Mein Expartner
(Vor- und Nachname)

Anschließend fahre ich mit den Schritten 3 bis 7 fort.

....

Es ist auch wichtig, die Angst zu bearbeiten, die ich vielleicht vor der Begegnung mit meinem Seelengefährten habe. Wenn es sich um die Angst handelt, verletzt zu werden, gehe ich wie folgt vor:

ICH (Vor- und Nachname)
selbstsicher und angstfrei

ICH (Vor- und Nachname)
meine Angst, verletzt
zu werden

Anschließend fahre ich mit den Schritten 3 bis 7 fort.

....

Vielleicht verknüpfe ich mit der Möglichkeit jemanden kennenzulernen auch große Erwartungen und das setzt mich unbewusst unter Druck. Die passende Übung hierzu sieht so aus:

ICH (Vor- und Nachname)

ICH (Vor- und Nachname) und meine Erwartungen an eine Paarbeziehung

Anschließend fahre ich mit den Schritten 3 bis 7 fort.

Nachdem ich die Übung durchgeführt habe, öffne ich mich für mögliche Veränderungen in mir und eventuell auch bei meinen Expartnern. Ich muss auf meine innere Stimme hören, denn dann kann ich klare Botschaften erhalten, die mich beispielsweise zur Teilnahme an bestimmten Aktivitäten auffordern, bei denen ich neue Menschen kennenlernen kann – etwas, was ich zuvor vielleicht ablehnte. Indem ich mehr Offenheit und Selbstvertrauen zeige, erhöhe ich meine Chancen, ein gutes Ergebnis zu erzielen.

Trennung und Scheidung

Die Situation einer Scheidung wurde bereits auf Seite 59 behandelt. Wenn es um das Thema Trennung geht, denken wir normalerweise an das Ende einer Paarbeziehung, aber es gibt auch Trennungen durch einen Todesfall (siehe nächstes Thema) oder wenn Kinder aus dem Haus gehen. Auch hier kann ich die Übung wieder mit mir selbst und der betroffenen Person durchführen, aber auch mit meinen Gefühlen bezüglich der Trennung.

Wenn meine Tochter Annie gerade von zu Hause ausgezogen ist und ich aus diesem Grund eine große innere Leere verspüre, hilft womöglich die folgende Übung:

ICH (Vor- und Nachname)
selbstsicher und angstfrei

Annie Bernier

Anschließend fahre ich mit den Schritten 3 bis 7 fort.

ICH (Vor- und Nachname)
in der Fülle

ICH (Vor- und Nachname)
große innere Leere

Anschließend fahre ich mit den Schritten 3 bis 7 fort.

Todesfälle und der Prozess des Trauerns

Wenn eine Person gestorben ist, dann hat dies Auswirkungen auf mich, die durchaus viele Jahre andauern können. Manchmal kommt man gar nicht über den Tod eines geliebten Menschen hinweg. Es ist wichtig, sich bewusst zu machen, dass die Person zwar ihren irdischen Körper verlassen hat, **die Liebe aber immer noch da ist und bleibt. Es ist meine Verstrickung mit der Person, die mir Kummer bereitet, nicht meine Liebe für sie**. Wenn ich die Technik anwende, dann trägt dies zur Bewältigung meiner Trauer bei und verbindet mich stärker mit dieser immerwährenden **Liebe**. Einer der Autoren hat die Übung gemacht, als sein Vater verstarb. Sie half ihm, sich von seinem Kummer zu befreien, und nun fühlt er sich ständig mit der **Liebe** seines Vaters verbunden. Die durch den Tod entstandene Lücke wurde durch Präsenz und **Liebe** gefüllt.

Manchmal kann ich nach dem Tod eines mir nahestehenden Menschen nicht nur die Verstrickung spüren, sondern auch wütend auf ihn sein oder mich verlassen fühlen. Vielleicht empfinde ich auch noch Jahre nach seinem Tod Trauer und Leid. Das kann beispielsweise der Fall sein, wenn ein Kind in jungen Jahren gestorben ist.

Das Durchführen der Übung hilft, uns von solchen Emotionen zu befreien. Dabei kann es durchaus überraschend sein, wie viele Gefühle hochkommen. **Das ist ganz normal und gesund!** Je mehr dieser manchmal tief vergrabenen Emotionen ich auflöse, umso größer wird das Gefühl der Befreiung und umso stärker kann ich meine **Liebe** zu der verstorbenen Person spüren. Es ist ein wunderbares Geschenk, das man sich selber machen kann, aber auch der verstorbenen Person, die sicherlich nicht möchte, dass wir dauerhaft unglücklich sind.

Auch wenn ich vielleicht das Gefühl habe, *dass „meine Trauerphase abgeschlossen und alles verarbeitet ist*“, schadet es nicht, die Übung mit der verstorbenen Person durchzuführen, um für den Fall, dass doch noch unbewusste Verstrickungen bestehen, den Prozess abzuschließen.

Die **Strichmännchen-Technik** ist ein effektives Hilfsmittel, um durch einen **Trauerprozess** zu gehen oder ihn abzuschließen.

- Das Anwenden der *Technik* wird mir helfen,
- den Verlust besser zu akzeptieren ↓♥,
- meinen Kummer während der Übung auszudrücken,
- mich vom Gefühl der Verlassenheit zu befreien,
- emotionale Bande zu lösen, wenn ich wütend auf den Verstorbenen bin oder ihm etwas vorwerfe.

Ich kann die Übung in meinem eigenen Tempo ausführen und so häufig ich es möchte. Ich kann auch eine nahestehende Person oder meinen besten Freund oder meine beste Freundin bitten, anwesend zu sein, wenn ich die Übung durchführe, um mich und mein Anliegen zu unterstützen. In manchen Fällen kann auch die Hilfe eines Therapeuten erforderlich sein, aber die Anwendung der Technik ist in jedem Fall ein Schritt in die richtige Richtung.

Lucie Bernier

Fernand Bernier*

Anschließend fahre ich mit den Schritten 3 bis 7 fort.

* Der Name des am 15. Mai 2014 verstorbenen Vaters

Abtreibungen und Fehlgeburten

Ich kann die Technik auch einsetzen, wenn ich eine Abtreibung oder eine Fehlgeburt hatte oder als Mann weiß, dass meine Frau oder Exfrau eine solche Situation durchlebt hat.

Wenn ich als Frau eine Abtreibung hatte, gehe ich wie folgt vor:

*

ICH (Vor- und Nachname) **Der verschiedene Fötus****

Anschließend fahre ich mit den Schritten 3 bis 7 fort.

Wenn ich der Mann bin, zeichne ich folgendes Bild:

ICH (Vor- und Nachname) **Vor- und Nachname der Partnerin, die abgetrieben hat**

Anschließend fahre ich mit den Schritten 3 bis 7 fort.

* Wenn ich nicht weiß, welches Geschlecht das Kind hatte, zeichne ich einen Jungen oder ein Mädchen. Das ist in diesem Fall zweitrangig.

** Wenn bereits ein Name ausgewählt wurde, schreibe ich ihn hierhin.

Geburt und Adoption

Für ein Kind, das bald geboren wird oder das ich adoptieren möchte, kann ich die Übung wie folgt ausführen:

ICH (Vor- und Nachname)

*

Das neue Baby**

Anschließend fahre ich mit den Schritten 3 bis 7 fort.

ICH (Vor- und Nachname)

***

Das in China adoptierte Kind****

Anschließend fahre ich mit den Schritten 3 bis 7 fort.

---

* Wenn ich nicht weiß, welches Geschlecht das Kind hat, zeichne ich einen Jungen oder ein Mädchen. Das ist in diesem Fall zweitrangig.

** Wenn bereits ein Vorname ausgewählt wurde, schreibe ich ihn hierhin, gefolgt vom Familiennamen.

*** Wenn ich nicht weiß, welches Geschlecht das Kind hat, zeichne ich einen Jungen oder ein Mädchen. Das ist in diesem Fall zweitrangig.

**** Ich setze hier das Land ein, wenn ich bereits weiß, aus welchem Land das Kind kommen wird.

Frühere Leben

Viele Menschen glauben daran, frühere Leben zu haben. Ich kann die **Strichmännchen-Technik** auch verwenden, um mich von früheren Leben zu befreien. Hier gibt es verschiedene Möglichkeiten, deren Einsatz unter anderem davon abhängt, ob mir einige dieser früheren Leben **bewusst** sind oder nicht. Ist dies der Fall, kann ich die Übung mit einem spezifischen Ziel durchführen, wie beispielsweise:

Lucie Bernier heute

Lucie Bernier als Pharao in Ägypten

Anschließend fahre ich mit den Schritten 3 bis 7 fort.

Lucie Bernier heute

Lucie Bernier als Hohepriesterin in Atlantis

Anschließend fahre ich mit den Schritten 3 bis 7 fort.

Wenn ich nichts über meine früheren Leben weiß, kann ich auch allgemeinere Begriffe verwenden:

Lucie Bernier

Lucie Bernier als Mann in früheren Leben

Anschließend fahre ich mit den Schritten 3 bis 7 fort.

Beziehungsweise:

Lucie Bernier

Lucie Bernier als Frau in früheren Leben

Anschließend fahre ich mit den Schritten 3 bis 7 fort.

Lucie Bernier

Lucie Bernier als Kind in früheren Leben

Anschließend fahre ich mit den Schritten 3 bis 7 fort.

Lucie Bernier

Lucie Bernier als Elternteil in früheren Leben

Anschließend fahre ich mit den Schritten 3 bis 7 fort.

Vorfahren und Ahnen

Wenn ich die *Technik* anwenden will, um mich von den Erinnerungen meiner Vorfahren zu befreien, wird mir schnell **bewusst**, dass ziemlich viele Menschen involviert sind. Wenn ich es möchte, kann ich die Übung mit mir selbst und jedem Ahnen durchführen, dessen Namen ich kenne. Einfacher und effektiver ist es, die beiden bekannten Familienzweige zu nehmen, also die mütterliche und die väterliche Seite.

1. Wenn ich die Namen meiner Großeltern kenne, kann ich die Technik mit mir selbst und meinen vier Großeltern und deren Ahnen durchführen.

Lucie Bernier

Cédéa Dubé* und ihre Vorfahren

Anschließend fahre ich mit den Schritten 3 bis 7 fort.

* Großmutter mütterlicherseits.

Léon Hunter* und seine Vorfahren

Lucie Bernier

Anschließend fahre ich mit den Schritten 3 bis 7 fort.

Lucie Gaudreau und ihre Vorfahren**

Lucie Bernier

Anschließend fahre ich mit den Schritten 3 bis 7 fort.

Eustache Bernier* und seine Vorfahren**

Lucie Bernier

Anschließend fahre ich mit den Schritten 3 bis 7 fort.

---

* Großvater mütterlicherseits.

** Großmutter väterlicherseits.

*** Großvater väterlicherseits.

2. Wenn ich die Namen meiner Eltern kenne, aber nicht die meiner Großeltern, kann ich einfach die mütterliche und väterliche Seite verwenden. In diesem Fall ist der Name der Mutter Dolorès Hunter und der des Vaters Fernand Bernier. Die entsprechenden Zeichnungen sehen dann so aus:

Lucie Bernier

Dolorès Hunter* und ihre Vorfahren

Anschließend fahre ich mit den Schritten 3 bis 7 fort.

Lucie Bernier

Fernand Bernier und seine Vorfahren**

Anschließend fahre ich mit den Schritten 3 bis 7 fort.

* Vor- und Mädchenname meiner Mutter.

** Vor- und Nachname meines Vaters.

3. Wenn ich weder die Namen meiner Eltern noch die meiner Großeltern kenne, gehe ich wie folgt vor:

Lucie Bernier

Meine Vorfahren väterlicherseits

Anschließend fahre ich mit den Schritten 3 bis 7 fort.

Lucie Bernier

Meine Vorfahren mütterlicherseits

Anschließend fahre ich mit den Schritten 3 bis 7 fort.

Fülle in allen Bereichen des Lebens

Fülle ist ein Zustand, in dem alle verfügbaren Ressourcen in großen Mengen vorhanden sind und meinen eigenen Bedarf überschreiten. Es ist wichtig, sich dies bewusst zu machen und sich zu fragen, was dies für das eigene Leben bedeuten könnte und in welchen Aspekten meines Lebens ich mir mehr Fülle wünsche – Geld, Gesundheit, Freundschaft, **Liebe**, Geschäftsmöglichkeiten, freundliche Begegnungen, Arbeit und so weiter.

Ein Grundprinzip lautet, dass es quasi unmöglich ist, etwas *in mein Leben zu ziehen*, was ich an anderen ablehne. Wenn ich neidisch, eifersüchtig oder verächtlich auf das Einkommen, das Haus, den Lebensstil, die Fitness oder die Art **liebe**voller Beziehungen schaue, die andere Menschen haben, wird es schwieriger für mich, selbst diese Dinge anzuziehen. **Mein Unterbewusstsein wird immer auf die Gedanken und Gefühle hören, die mich am häufigsten bewegen.**

Wenn ich die *Technik* anwende, kann ich mir meine Gedanken zum Thema besser **bewusst** machen und die zugehörige Programmierung ändern. Dabei verwende ich immer Gegensätze.

Wenn ich beispielsweise feststelle, dass die Bereiche, in denen ich mir mehr Fülle wünsche, Geld und Freunde sind, dann führe ich die Übung folgendermaßen durch:

Robert Lenghan
mit jeder Menge Geld

Robert Lenghan
sehr arm

Anschließend fahre ich mit den Schritten 3 bis 7 fort.

Robert Lenghan mit vielen guten Freunden

Robert Lenghan ohne Freunde

Anschließend fahre ich mit den Schritten 3 bis 7 fort.

Selbst wenn ich finde, „sehr arm" oder „ohne Freunde" hinzuschreiben passt nicht, tue ich dies trotzdem.

Indem ich die Übung mit Gegensätzen durchführe, kann ich mich in Bezug auf beide Zustände positionieren und mir eventuell sogar bestimmte Muster oder Bewertungen bewusst machen, die mit dem Gewünschten verbunden sind.

Geht es mir gut mit dem Gedanken, viel Geld zu besitzen, oder fühle ich mich eher unwohl damit, weil ich Befürchtungen habe hinsichtlich dessen, was andere dann von mir halten könnten? Möchte ich wirklich mehr Freunde haben oder bin ich eher der zurückgezogene Typ, ein wenig reserviert und ganz gerne mal für mich allein? Wie auch immer die Antwort ausfällt, ich gewinne mithilfe der Übung mehr Klarheit und das erhöht die Chancen, dass sich das Gewünschte in meinem Leben zeigen wird!

Krankheit oder die Angst vor einer Krankheit oder Behinderung

Indem ich die Übung mit einer oder mehreren Krankheiten durchführe, kann ich mich stärker davon lösen. Das senkt meinen Stresspegel und erhöht so meine Chancen auf Heilung.

Wenn ich die Übung mit mir selbst und einer Krankheit ausführe, unter der ich leide oder von der ich Angst habe, dass ich sie bekommen könnte, ist es wichtig, mich selbst auf der linken Seite mit vollkommener Gesundheit zu zeichnen und auf der rechten Seite mit der Krankheit. Das Verwenden von Gegensätzen bringt die größten Veränderungen und Ergebnisse. Auf diese Weise sende ich meinem Unterbewusstsein folgende Botschaft: „*Hilf mir eine Lösung zu finden, damit ich von Krankheit zu vollkommener Gesundheit wechseln kann.*" Gleichzeitig dient die Übung als Affirmation: „*Ich weiß, dass vollkommene Gesundheit für mich möglich ist. Ich möchte etwas ändern und benötige Hilfe.*" Oder auch: „*Ich habe vollkommene Gesundheit in mir, hilf mir, dass sie sich zeigen kann.*" (Mehr Informationen zum Thema Gegensätze finden sich in Kapitel 6.)

Wenn es um eine spezifische Krankheit oder Beeinträchtigung geht, gehe ich wie folgt vor:

ICH (Vor- und Nachname)
vollkommen gesund

ICH (Vor- und Nachname)
mit Glutenallergie

Anschließend fahre ich mit den Schritten 3 bis 7 fort.

ICH (Vor- und Nachname) vollkommen gesund

ICH (Vor- und Nachname) mit Arthritis

Anschließend fahre ich mit den Schritten 3 bis 7 fort.

ICH (Vor- und Nachname) vollkommen gesund

ICH (Vor- und Nachname) mit Rückenschmerzen

Anschließend fahre ich mit den Schritten 3 bis 7 fort.

Wenn ich fürchte, eine Krankheit zu haben, riskiere ich es, sie anzuziehen, weil ich immer **das Objekt meiner Ängste anziehe**. Denn Angst erhöht den Stresspegel und damit ich weniger Stress habe, neigt mein Unterbewusstsein dazu, die Situation anzuziehen. Es ist daher wichtig für mich, **die Übung mit allen Krankheiten zu machen, die ich befürchte zu haben**, einschließlich erblicher Krankheiten und solcher, die andere Familienmitglieder gehabt haben. Wenn beispielsweise meine Mutter Yvonne Tremblay* an Brustkrebs gestorben ist und ich Angst habe, auch Brustkrebs zu bekommen, führe ich die Übung wie folgt durch:

* Erfundener Name.

ICH (Vor- und Nachname)
vollkommen gesund

Yvonne Tremblay
mit Brustkrebs

Anschließend fahre ich mit den Schritten 3 bis 7 fort.

ICH (Vor- und Nachname)
vollkommen gesund

ICH (Vor- und Nachname)
mit Brustkrebs

Anschließend fahre ich mit den Schritten 3 bis 7 fort.

Wenn ich bei diesem Thema noch weiter in die Tiefe gehen möchte, kann ich die Krankheit, die ich habe oder befürchte zu haben, im Buch **Mein Körper – Barometer der Seele*** nachschlagen. Ich lese den Text und schaue mir die Emotionen an, die der Krankheit zugrunde liegen können. Auch wenn ich die maßgeblichen Faktoren in meinem Leben nicht klar erkennen kann, führe ich die Technik mit mir und allen angegebenen Gefühlen durch.

Wenn ich beispielsweise **depressiv** bin, dann sind die wichtigsten Elemente, die der Depression zugrunde liegen, **Minderwertigkeits**- und

* Buch von Jacques Martel, auf Deutsch erschienen im VAK Verlag.

Schuldgefühle. Als Nächstes suche ich das jeweils passende Gegengefühl, also in diesem Beispiel:

Selbstwertgefühl ⟷ Minderwertigkeitsgefühl
Verantwortungsgefühl ⟷ Schuldgefühl

Ich führe die Übung dann wie folgt drei Mal durch:

ICH (Vor- und Nachname)
vollkommen gesund

ICH (Vor- und Nachname)
depressiv

Anschließend fahre ich mit den Schritten 3 bis 7 fort.

....

ICH (Vor- und Nachname)
hoher Selbstwert

ICH (Vor- und Nachname)
starkes Minderwertigkeitsgefühl

Anschließend fahre ich mit den Schritten 3 bis 7 fort.

....

ICH (Vor- und Nachname)
starkes Verantwortungsgefühl

ICH (Vor- und Nachname)
starke Schuldgefühle

Anschließend fahre ich mit den Schritten 3 bis 7 fort.

Krankheit eines Familienmitglieds

Ob mein Kind krank ist oder ein Elternteil oder ein anderes Mitglied der Familie, das Grundprinzip ist immer gleich: Ich zeichne mich selbst **vollkommen gesund auf die linke Seite** des Blattes und **die andere Person mit dem Namen der Krankheit auf die rechte Seite,** also beispielsweise so:

ICH (Vor- und Nachname)
vollkommen gesund

Mein Vater
mit Asthma

Anschließend fahre ich mit den Schritten 3 bis 7 fort.

Auch diese Option ist möglich:

ICH (Vor- und Nachname)
vollkommen gesund

***

ICH (Vor- und Nachname)
mit Asthma

Anschließend fahre ich mit den Schritten 3 bis 7 fort.

*** Die Tatsache, dass ich mich selbst zusammen mit einer Krankheit zeichne, *wird* nicht *die Wirkung haben, dass ich diese Krankheit in mein Leben ziehe,* weil ich die Zeichnung in **Licht** tauche. Die Botschaft, die an das Universum gesendet wird, lautet dadurch:

Zeige mir, ob ich einige meiner Verhaltensweisen, Gewohnheiten, Gefühle oder Gedanken ändern muss, um diese Krankheit zu vermeiden und vollkommen gesund zu bleiben.

Ängste

Ich zeichne mich selbst mit dem Gegenteil der jeweiligen Angst auf die linke Seite und auf die rechte Seite mich selbst mit der Angst. Zur Erinnerung: Links sollte immer die positive Variante stehen, rechts die negative.

ICH (Vor- und Nachname)
wie ein Fisch im Wasser

ICH (Vor- und Nachname)
mit sehr großer Angst vor Wasser

Anschließend fahre ich mit den Schritten 3 bis 7 fort.

ICH (Vor- und Nachname)
vollkommen ohne Höhenangst

ICH (Vor- und Nachname)
mit starker Höhenangst

Anschließend fahre ich mit den Schritten 3 bis 7 fort.

ICH (Vor- und Nachname) vollkommen gesund | **ICH (Vor- und Nachname) mit Emphysem**

Anschließend fahre ich mit den Schritten 3 bis 7 fort.

Die sechs Grundängste

Es ist sehr interessant, die Technik mit mir selbst und den sechs Grundängsten (laut den „Gesetzen des Erfolgs" des Autors Napoleon Hill) durchzuführen. Diese Ängste sind:

1. Die Angst vor dem Tod
2. Die Angst vor Armut
3. Die Angst vor Kritik
4. Die Angst vor Krankheit
5. Die Angst vor dem Altern
6. Die Angst, die **Liebe** einer bestimmten Person zu verlieren

Ich verstärke die Ängste jeweils durch **„stark"** oder **„sehr"**, um das beste Ergebnis zu erzielen, und schaue, wie ich mich während der einzelnen Übungen fühle.

ICH (Vor- und Nachname)
voller Lebenslust

ICH (Vor- und Nachname)
mit starker Angst vor dem Tod

Anschließend fahre ich mit den Schritten 3 bis 7 fort.

ICH (Vor- und Nachname)
sehr reich

ICH (Vor- und Nachname)
mit starker Angst vor Armut

Anschließend fahre ich mit den Schritten 3 bis 7 fort.

ICH (Vor- und Nachname)
sehr wertgeschätzt

ICH (Vor- und Nachname)
mit starker Angst vor Kritik

Anschließend fahre ich mit den Schritten 3 bis 7 fort.

ICH (Vor- und Nachname)
vollkommen gesund

ICH (Vor- und Nachname)
mit starker Angst vor Krankheiten

Anschließend fahre ich mit den Schritten 3 bis 7 fort.

ICH (Vor- und Nachname)
sehr jung und fit

ICH (Vor- und Nachname)
mit starker Angst vor dem Altern

Anschließend fahre ich mit den Schritten 3 bis 7 fort.

ICH (Vor- und Nachname)
von allen geliebt

ICH (Vor- und Nachname)
mit starker Angst, die Liebe einer bestimmten Person zu verlieren

Anschließend fahre ich mit den Schritten 3 bis 7 fort.

Alkoholabhängigkeit, Nikotinsucht, Esssucht, Drogenabhängigkeit, Spielsucht und so weiter

Ich kann die *Technik* auf jede Situation anwenden, bei der es um Abhängigkeiten geht, ganz gleich, worum es sich handelt.

Zigaretten

ICH (Vor- und Nachname)
Nichtraucher

ICH (Vor- und Nachname)
Raucher

Anschließend fahre ich mit den Schritten 3 bis 7 fort.

ICH (Vor- und Nachname)
vollkommen gesund

ICH (Vor- und Nachname)
mit starker Angst vor Lungenkrebs

Anschließend fahre ich mit den Schritten 3 bis 7 fort.

Alkohol

ICH (Vor- und Nachname)
nüchtern

ICH (Vor- und Nachname)
mit Angst, alkoholabhängig zu werden*

Anschließend fahre ich mit den Schritten 3 bis 7 fort.

ICH (Vor- und Nachname)
vollkommen gesund

ICH (Vor- und Nachname)
mit starker Angst vor Leberzirrhose

Anschließend fahre ich mit den Schritten 3 bis 7 fort.

* Geben Sie das Getränk an, von welchem Sie am ehesten abhängig werden könnten, also zum Beispiel Bourbon, Gin, Rum oder Ähnliches. Verwenden Sie wieder ein steigerndes Adjektiv, selbst wenn dies die Realität übertrifft, denn so werden Sie das beste Ergebnis erzielen.

Essen

ICH (Vor- und Nachname) mit guten Ernährungsgewohnheiten | **ICH (Vor- und Nachname) esssüchtig**

Anschließend fahre ich mit den Schritten 3 bis 7 fort.

Und so weiter …

Abnehmen/Zunehmen/Gewicht halten

Ich kann die Übung auch mit meinem Gewicht machen, wenn ich mich selbst als übergewichtig oder untergewichtig empfinde oder zum Beispiel glaube, dass ich „leicht Fett ansetze".

ICH (Vor- und Nachname) sehr schlank | **ICH (Vor- und Nachname) sehr dick**

Anschließend fahre ich mit den Schritten 3 bis 7 fort.

ICH (Vor- und Nachname)
gesundes Gewicht

ICH (Vor- und Nachname)
zu dünn

Anschließend fahre ich mit den Schritten 3 bis 7 fort.

ICH (Vor- und Nachname)
mit stabilem Gewicht

ICH (Vor- und Nachname)
leicht Fett ansetzend

Anschließend fahre ich mit den Schritten 3 bis 7 fort.

Einen Wettbewerb oder im Lotto gewinnen

Ich kann die Übung ausführen, sollte es aber genau hinterfragen: Ist es wirklich das Beste für mich, einen Wettbewerb zu gewinnen oder sechs Richtige im Lotto zu haben? Bin ich auf ein bestimmtes Ergebnis fixiert? Möchte ich steuern, was am Ende herauskommt? Ich muss meine Haltung entsprechend anpassen und mir vor der Übung sagen: „*Ich möchte den Wettbewerb gewinnen, wenn dieses das beste Ergebnis für mich und meine Entwicklung ist.*“ Wenn ich zum Beispiel an einer Auslosung teilnehme, bei der es ein Auto zu gewinnen gibt, kann ich eine der drei nachfolgend abgebildeten Übungen durchführen:

ICH (Vor- und Nachname)

Auslosung (Name des Wett-bewerbs)

Anschließend fahre ich mit den Schritten 3 bis 7 fort.

ICH (Vor- und Nachname)

Neues Auto

Anschließend fahre ich mit den Schritten 3 bis 7 fort.

ICH (Vor- und Nachname)

ICH (Vor- und Nachname) finanzielle Fülle

Anschließend fahre ich mit den Schritten 3 bis 7 fort.

Wenn ich die Übung durchführe, bitte ich stets um **„das Beste für meine Entwicklung"**. Das **Beste** mag in diesem Fall sein, dass ich das Auto tatsächlich gewinne. Vielleicht schenkt mir aber auch ein Freund seines! Indem ich die Übung durchführe, öffne ich mich für alle Möglichkeiten, ohne zu erwarten, dass das Auto notwendigerweise aus einer bestimmten Quelle kommen wird. Es kann sein, dass ich unerwartet Geld erhalte und mir davon ein neues Auto kaufen kann. Aus diesem Grund wurde die Übung auch mit dem Thema „finanzielle Fülle" durchgeführt.

Noten in Schule und Studium

Auf Seite 92 haben wir uns eine Situation mit einem Kind und seinem Mathelehrer angesehen. Wie sieht es aus, wenn mein Kind Schwierigkeiten mit einem bestimmten Fach hat und seine Note verbessern möchte (oder ich selbst, falls ich eine Ausbildung mache oder studiere)? Wenn ich das Beispiel von meinem Mathematik-Kurs nehme, werde ich es so machen:

Anschließend fahre ich mit den Schritten 3 bis 7 fort.

* Ich kann hier natürlich auch den genauen Kurs angeben oder ein Untergebiet wie beispielsweise Geometrie.

Schauen wir uns einmal ein Beispiel aus der Praxis an: Ein 14 Jahre alter Junge aus Frankreich, Schüler an einer internationalen Schule im kanadischen Quebec, hatte Probleme mit seinen Noten in Mathematik. Bei Tests schwankte die Anzahl richtiger Lösungen zwischen 20 und 40 Prozent. Er führte die Technik mit sich selbst und seinem Mathelehrer durch. Bei den folgenden vier Tests schnitt er jeweils mit 90 beziehungsweise 100 Prozent ab!

Es kann sein, dass meine Schwierigkeiten im Fach selbst begründet liegen, möglich ist aber auch, dass es mich unbewusst an etwas erinnert – beispielsweise, wenn meine Eltern mir dauernd sagen, dass sie auf mich „zählen" und ich mich somit unter Druck fühle, eine bestimmte Leistung zu erbringen. Vielleicht gibt es auch einen bewussten oder unbewussten Konflikt mit dem Lehrer, der das betreffende Fach unterrichtet. Darum bietet es sich an, die Übung mit beiden Situationen durchzuführen: den Schwierigkeiten mit dem Fach Mathematik (siehe oben) und dem Mathelehrer.

Robert Lenghan

Vor- und Nachname des Mathelehrers

Anschließend fahre ich mit den Schritten 3 bis 7 fort.

Unzufriedenheit mit der Arbeit oder dem Chef/ Suche nach einem neuen Job

Wenn ich mit meiner Arbeit oder meinem Chef nicht zufrieden bin, kann ich folgende Übung durchführen:

Robert Lenghan
ideale Arbeit

Bezeichnung meiner derzeitigen Arbeit*

Anschließend fahre ich mit den Schritten 3 bis 7 fort.

Robert Lenghan
idealer Chef

Vor- und Nachname des Chefs

Anschließend fahre ich mit den Schritten 3 bis 7 fort.

* Autowerkstattbesitzer, Technikerin, Professor, Sekretärin, Krankenpfleger und so weiter.

Vielleicht meine ich, die Arbeitsstelle wechseln zu müssen, weil einige Aspekte meines derzeitigen Jobs mir nicht gefallen. Wie ich jedoch aus Erfahrung weiß, reicht es manchmal aus, sich bestimmte Fakten **bewusst** zu machen, damit sich etwas verändern kann. Der Erfahrungsbericht auf Seite 191 ist ein gutes Beispiel hierfür.

Wenn ich auf der Suche nach einem neuen Arbeitsplatz bin, kann ich die Übung mit mir auf der linken Seite und meinem idealen Arbeitsplatz auf der rechten Seite durchführen. Bei einem zweiten Durchgang setze ich dann erneut mich auf die linke Seite und meine Erwartungen an die Arbeitsstelle auf die rechte.

Probleme mit dem Auto

Ein Auto bereitet nicht nur Freude, sondern manchmal auch Probleme – eine Panne, eine Reparatur, ein ungewohntes Geräusch und so weiter. Ein interessanter Aspekt dabei ist, dass mein Auto durchaus einen Bezug zu dem „Fahrzeug" hat, mit dem ich mich ansonsten durchs Leben bewege – meinem Körper. Genau wie jeder Teil meines Körpers einen psychosomatischen Bezug hat, gibt es auch Querverbindungen zu meinem Auto. Die Räder beispielsweise symbolisieren meine Beine, der Motor ist hauptsächlich mit dem Herzen♥ verknüpft und so weiter. Es kann daher interessant sein, die Übung mit mir selbst und jeder Fehlfunktion durchzuführen, die mein Auto aufweist. Selbst wenn ich dieser Theorie skeptisch gegenüberstehe, kann es spannend sein, die Übung einfach offen und wertfrei zu machen. Die genauen Entsprechungen brauche ich dazu übrigens nicht zu kennen, darum kümmert sich mein Unterbewusstsein!

Robert Lenghan

Mein Auto mit überhitztem Motor

Anschließend fahre ich mit den Schritten 3 bis 7 fort.

Personen, die mir schaden möchten

Es kann Momente geben, in denen ich befürchte, dass einzelne Personen oder Personengruppen mir schaden wollen, etwas gegen mich haben oder mir wegen etwas, das ich gesagt oder getan habe, zürnen: kurz, dass man mir bewusst Schlechtes wünscht.

Auch in solchen Situationen kann ich die *Technik* anwenden, sofern ich es mit der richtigen Einstellung tue. Es ist wichtig, dass ich die Übung *nicht* durchführe, um mich in irgendeiner Form zu „rächen" oder dem anderen meinerseits Schlechtes zu wünschen. **Ich kann sie vielmehr nutzen, um mich zu schützen**. Das schließt dann auch gleich jede mögliche Form von Vergeltungsmaßnahme aus.

Wenn ich den Namen der Person oder der Personen kenne, die mir schaden wollen, setze ich bei der Übung mich auf die linke Seite und die andere Person oder Personengruppe auf die rechte Seite.

ICH (Vor- und Nachname)

Vor- und Nachname der Person, die mir schaden will

Anschließend fahre ich mit den Schritten 3 bis 7 fort.

ICH (Vor- und Nachname) vollkommen geschützt

Name der Personengruppe

Anschließend fahre ich mit den Schritten 3 bis 7 fort.

Gott (positiv) und der Teufel (negativ) und andere

Ganz nach persönlichem Glauben kann ich, wenn es mir passend erscheint, die Übung auch mit mir selbst und Gott, den Engeln, den Heiligen und selbst dem Teufel durchführen! Unabhängig davon, ob ich die *Technik* für ein positives oder negatives Element verwende, kann das Ergebnis nur positiv sein! Wenn ich beispielsweise entscheide, die Übung mit mir und Gott durchzuführen, dann ist es so, als würde ich darum bitten, alle Verstrickungen und Abhängigkeiten loszulassen, die mit meinen Erwartungen an ihn zu tun haben.

Robert Lenghan **Gott**

Anschließend fahre ich mit den Schritten 3 bis 7 fort.

....

Führe ich die Übung mit dem Teufel durch, kann ich uns beide in einen **Licht**kreis setzen und mich so von allen Situationen und Personen lösen, die in meinem Leben für „Teuflisches" oder „Böses" stehen. Denn auch wenn ich ein negatives Element zeichne, bin ich stets davor geschützt, weil ich es in einen **Licht**kreis setze.

Robert Lenghan **Teufel**

Anschließend fahre ich mit den Schritten 3 bis 7 fort.

....

Ich kann die Übung auch mit einer Person durchführen, die ich aus ganzem Herzen verabscheue, weil sie für mich die schlimmste lebende oder tote Person auf Erden ist, wie beispielsweise Adolf Hitler. Die Übung mit ihm wird nicht nur auf der bewussten, sondern auch auf der unbewussten Ebene wirken, weil sie mir hilft, mich von den Ungerechtigkeiten und unfairen Urteilen zu befreien, die mir in anderen Situationen in meinem Leben widerfahren sind. Auch wenn meine eigenen Erfahrungen gemäßigter Natur waren, sind doch die gleichen Gefühle involviert und darauf kommt es an. Hitler ist lediglich ein Platzhalter für die Arbeit an der Tyrannei oder den Ungerechtigkeiten, denen ich in meinem eigenen Leben ausgesetzt war.

Comic-Helden und Lieblingsschauspieler

Was passiert eigentlich, wenn ich die *Technik* mit einer Person durchführe, die ich bewundere, wie beispielsweise einer Schauspielerin, einem Comic-Helden oder jemandem, der großartige und wunderbare Dinge vollbracht hat wie Mutter Teresa? Bewunderung führt leicht zu Idealisierung und je nach ihrer Intensität entwickele ich vielleicht eine derart starke Verstrickung, dass ich versuche mein Leben ganz oder teilweise nach meinem Idol auszurichten. Indem ich die Übung durchführe, erhalte ich Abstand von der Person und verbinde mich wieder mit meiner eigenen göttlichen Essenz. Dadurch komme ich stärker in Kontakt mit meiner inneren Kraft und kann so selbst die Eigenschaften manifestieren, die ich an meinem „Held" oder meiner „Heldin" bewundere.

ICH (Vor- und Nachname)

Asterix

Anschließend fahre ich mit den Schritten 3 bis 7 fort.

Spezielle Gaben und Talente

Ich kann die *Technik* einsetzen, wenn ich eine bestimmte Gabe entwickeln möchte, wie beispielsweise Hellsichtigkeit, persönliche Anziehungskraft, Medialität oder beispielsweise das Talent, ein Musikinstrument (mehr dazu in einem Erfahrungsbericht auf Seite 192) spielen zu können. Es kann sein, dass ich hohe Erwartungen habe oder perfektionistisch veranlagt bin und mich selbst beim Erlernen einer Fähigkeit oder dem Einsetzen eines Talents stark unter Druck setze. Die Methode ermöglicht mir, stärker im Jetzt zu leben und in Bezug auf die Ergebnisse entspannter zu sein. Dadurch wird auch das Lernen leichter, denn ich lasse die Dinge sich entwickeln, anstatt sie forcieren zu wollen.

ICH (Vor- und Nachname) **Meine Hellsichtigkeit**

Anschließend fahre ich mit den Schritten 3 bis 7 fort.

Das innere Kind (früheres und jetziges Leid)

Ein Großteil meines jetzigen Leidens ist auf Verletzungen zurückzuführen, die ich im Kindesalter erfahren habe und die sich im Erwachsenenalter wiederholen. Ich kann daher die *Technik* für mein inneres Kind anwenden, um mich von diesem Leiden zu lösen. Während ich die Übung durchführe, findet ein bewusster oder unbewusster Prozess von Anerkennung, Vergebung und Akzeptieren ↓♥ statt, der eine wichtige

Voraussetzung für Heilung und die Befreiung von negativen Emotionen darstellt.

Vielleicht habe ich Bedenken, die Übung durchzuführen, weil dadurch Erinnerungen hochkommen, doch ich kann letzten Endes nur davon profitieren. Ich kann meinen Partner, einen guten Freund oder eine andere Person, der ich vertraue, bitten, dabei zu sein, und ich mache mir bewusst, dass Gefühle aufkommen werden (manchmal sind die Verletzungen noch frisch und allein die Tatsache, dass ich an sie denke, weckt starke Emotionen).

Wenn ich in der Mitte der Übung das Gefühl habe, dass ich sie lieber abbrechen möchte, ist es wichtig, zu vertrauen, um Schutz und Führung zu bitten und die Übung bis zum Ende durchzuführen.

Indem ich die Übung durchführe, geschieht das Beste für meine Entwicklung und es wird nur positive Veränderungen geben, mit denen ich umgehen kann.

Lucie Bernier als Erwachsene

Die kleine missbrauchte Lucie

Anschließend fahre ich mit den Schritten 3 bis 7 fort.

Wenn ich andere Personen in leidvollen Situationen gesehen habe, beispielsweise dass meine Mutter von meinem Vater geschlagen wurde, dann mache ich die Übung nicht, um in eine belastende Situation einzugreifen, sondern um **Licht** auf meine eigenen bewussten oder unbewussten Verstrickungen als Zeuge zu werfen. Bei diesem Beispiel kann ich die Übung mit mir selbst und meiner Mutter machen und dann mit mir selbst und meinem Vater.

ICH (Vor- und Nachname)

Meine vom Vater geschlagene Mutter

Anschließend fahre ich mit den Schritten 3 bis 7 fort.

ICH (Vor- und Nachname)

Mein meine Mutter schlagender Vater

Anschließend fahre ich mit den Schritten 3 bis 7 fort.

Ich mache beide Übungen, weil ich bezüglich der Erfahrungen meiner Mutter und meines Vaters unterschiedlich empfunden haben kann. Es handelt sich dann um zwei getrennte Dynamiken.

Mein Ego

Ich kann die Übung auch mit meinem Ego durchführen. Unter Ego verstehen wir das, was der Verstand für unsere Identität hält. Es ist wie eine Person, mit der ich mich identifiziere und die aus meinen Erinnerungen, Erfahrungen, Meinungen und Überzeugungen erwachsen ist, ob diese nun begründet sind oder nicht. Das Ego ist die Ursache für mein Leben bestimmende Muster und mögliche Konflikte mit anderen Menschen. Es ist sozusagen das falsche Abbild, das wir uns von uns selber machen. Dieses Abbild ist der Schutzschirm, hinter dem ich meine wahre Natur als menschliches Wesen verberge.

Lucie Bernier
wahres Wesen

Lucie Bernier
Ego

Anschließend fahre ich mit den Schritten 3 bis 7 fort.

Mein Unterbewusstsein

Lucie Bernier
bewusst

Lucie Bernier
unbewusst

Anschließend fahre ich mit den Schritten 3 bis 7 fort.

Personengruppen

Ich kann die Übung auch mit einer Gruppe von Personen durchführen, zum Beispiel mit einem Verband, einem Team von Sportlern, einer Kirchengemeinde oder einer Familie. Wenn ich die Namen einzelner Personen aus der Gruppe kenne, zu denen ich mein Verhältnis verbessern will, kann ich die Übung zusätzlich mit diesen Einzelpersonen machen.

Robert Lenghan

Meine Fußball-mannschaft

Anschließend fahre ich mit den Schritten 3 bis 7 fort.

Die Mitglieder meiner Kirchengemeinde

Robert Lenghan

Anschließend fahre ich mit den Schritten 3 bis 7 fort.

Der Vorstand der Banque Nationale

Robert Lenghan

Anschließend fahre ich mit den Schritten 3 bis 7 fort.

Die freiwilligen Helfer meiner Gemeinde*

Robert Lenghan

Anschließend fahre ich mit den Schritten 3 bis 7 fort.

* Hier setze ich den Namen der Gemeinde ein.

Robert Lenghan

Meine Schwieger-familie*

Anschließend fahre ich mit den Schritten 3 bis 7 fort.

Auch wenn diese Übungen mit der Gruppe bereits Wirkung zeigen werden, empfiehlt es sich dennoch, die Übung einzeln mit jedem Mitglied der Gruppe, dessen Namen ich kenne und mit dem ich mir eine harmonischere Beziehung wünsche, durchzuführen.

* Hier setze ich den Namen ein.

Haustiere

Wenn ich die Übung mit meinem Haustier durchführen möchte, kann ich es auf der rechten Seite wie eine Person zeichnen. Tiere verfügen ebenso über Chakren wie Menschen. Wie aus der untenstehenden Abbildung[*] ersichtlich, verfügen sie über acht Hauptenergiezentren[**].

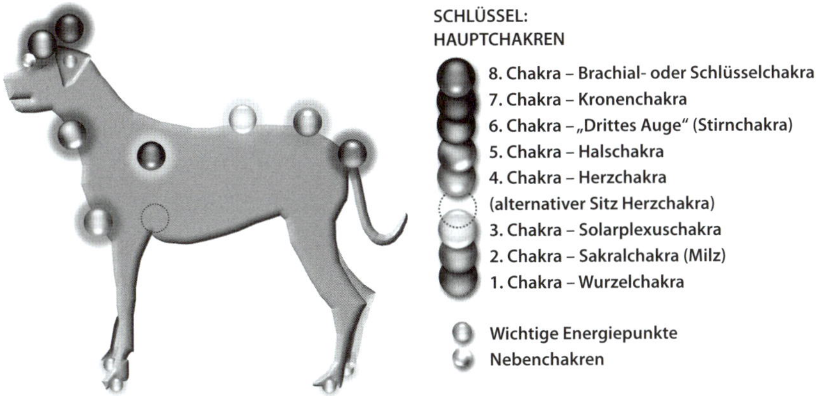

*** *Ausnahmsweise* kann ich auch bei mir selbst acht Chakren einzeichnen, indem ich das achte auf Höhe der Thymusdrüse, also zwischen Herz♥- und Halschakra, einzeichne und dies natürlich bei der rechten Figur auch tue.

ICH (Vor- und Nachname) **Milou (Name des Tieres)**

Anschließend fahre ich mit den Schritten 3 bis 7 fort.

* Copyright © Patinkas Abbildung mit Genehmigung von Patinkas 2015.

** Copyright © der Information über das Brachial-Chakra bei Magrit Coates 2015.

Ist das Tier krank, kann ich die Krankheit hinzufügen:

ICH (Vor- und Nachname) **Milou mit Arthritis**

Anschließend fahre ich mit den Schritten 3 bis 7 fort.

Wenn beispielsweise meine Tochter Nathaly bekümmert ist wegen der Krankheit des Tieres, kann ich ihr entweder vorschlagen, selbst die Übung zu machen, oder ich führe sie wie folgt durch:

ICH (Vor- und Nachname) **Der kranke Milou***

Anschließend fahre ich mit den Schritten 3 bis 7 fort.

ICH (Vor- und Nachname) **Die traurige Nathaly**

Anschließend fahre ich mit den Schritten 3 bis 7 fort.

* Ich setze den Namen der Krankheit ein, wenn sie mir bekannt ist.

Aspekte meines Lebens oder Themen, die mir wichtig sind

Ich kann die Übung auch für Angelegenheiten und Themen durchführen, die mir am Herzen♥ liegen oder zu denen ich einen Bezug habe, wie beispielsweise indigene Völker, die Erde, die Natur, Bienen, Armut, Umweltverschmutzung, Kindesmisshandlung, schädliche Strahlung und so weiter. Manche Situationen können mich sehr betroffen machen und die *Technik* wird mir helfen, das Thema distanzierter und objektiver zu betrachten. Themen dieser Art werden in der Regel durch ein Rechteck auf der rechten Seite repräsentiert. Wenn mir trotzdem ein Strichmännchen passender erscheint, ist das auch in Ordnung. Wichtig ist vor allem das Durchführen der Übung, der Rest ist zweitrangig.

Die Delfine

ICH (Vor- und Nachname)

Anschließend fahre ich mit den Schritten 3 bis 7 fort.

Die Erde

ICH (Vor- und Nachname)

Anschließend fahre ich mit den Schritten 3 bis 7 fort.

Anwenden der Technik auf Personen oder Situationen, die positiv und harmonisch sind

Die *Technik* kann sich als nützlich erweisen, wenn es um Menschen geht, mit denen ich Schwierigkeiten habe, **aber sie eignet sich ebenso gut für meine Beziehung zu Personen, zu denen ich ein harmonisches Verhältnis habe oder die ich sehr liebe**, wie beispielweise meinen Lebenspartner, meine Kinder, meine Eltern oder meine Freunde. Es ist sogar ratsam, die *Technik vor allem für diese Personen* einzusetzen, weil ich zwar häufig meine, ich sei gänzlich losgelöst von ihnen, aber **dennoch unbewusste Verstrickungen bestehen**, die sich womöglich in einem Moment zeigen, in dem ich am wenigsten darauf vorbereitet bin.

Ich kann daher die Übung durchführen mit mir und meinem Lebenspartner sowie mit jedem meiner Kinder. Ebenso kann ich mit meinem Vater, meiner Mutter, allen meinen Geschwistern oder auch meinen Arbeitskollegen, meinem Chef, meinen Teamleitern und so weiter vorgehen. Dabei ist es unwichtig, ob die entsprechende Person noch lebt oder bereits verstorben ist. (Eine nähere Erklärung und Beispiele finden sich ab Seite 133.)

Wenn ich all diese Übungen durchführe, ist es wie eine Art von „Aufräumen" oder so, als würde ich auf einem Computer ein Antivirus-Programm laufen lassen. Das Programm löscht alle schädlichen Computerviren und „Würmer", von deren Existenz ich nicht einmal wusste. Genauso ist es auch mit meinen Verstrickungen und Abhängigkeiten gegenüber anderen, die häufig unsichtbar und unbewusst sind. Sie wirken wie „Viren" in meinem Leben und verlangsamen meine Entwicklung, unabhängig davon, ob mir dies bewusst ist oder nicht.

KAPITEL 10

Mein umfassendes Selbstheilungsprogramm: Wie ich vorgehe

Durch das Anwenden der **Strichmännchen-Technik** lösche ich meine bewussten und unbewussten inneren „Programme“ und schaffe mehr Raum für losgelöste und bedingungslose **Liebe**.

Wenn ich einen richtigen „Frühjahrsputz“ machen oder mein Leben wieder ins Lot bringen will, kann ich die sieben Schritte der Technik mit mir auf der linken Seite und allen wichtigen Personen in meinem Leben auf der rechten Seite durchführen. Es ist dabei vollkommen unwichtig, ob die betreffenden Personen noch leben oder bereits verstorben sind, wo sie wohnen, wie häufig ich mit ihnen zusammentreffe oder ob unser Verhältnis gut oder schwierig ist.

Die folgende Liste kann mir helfen, die Personen und Themen für die Figur auf der rechten Seite zu benennen:

Aktueller Lebenspartner und frühere Lebenspartner

Mutter und Vater (bekannt oder unbekannt)

Meine Brüder

Meine Schwestern

Meine Kinder

Meine Großeltern

Meine Freunde

Mein aktueller Chef und frühere Chefs

Meine Expartner

Meine Arbeitskollegen

Mein Pfarrer/geistlicher Beistand

Meine Teamkollegen (wenn ich Teil eines Teams bin)

Meine Haustiere, lebende und bereits verstorbene, siehe auch Seite 175

Meine Mitarbeiter

Meine Therapeuten

Meine Ärzte

Mein Arbeitsplatz

Die sechs grundlegenden Ängste (siehe Seite 47)

Die 17 Vorschläge in der Tabelle auf Seite 71

Und so weiter

Ich kann auch noch meine Vorfahren (siehe Anleitung auf Seite 139) und meine früheren Leben (siehe Seite 137) hinzufügen.

Ich führe die Übung (die sieben Schritte) mit jeder Person durch, auch wenn unser Verhältnis gut und harmonisch zu sein scheint.

Es gibt in Bezug darauf, wie häufig am Tag ich die Übung mache, keinerlei Obergrenze. Ich höre einfach nur auf meinen Körper. Wenn ich mich erschöpft fühle oder sehr emotional werde, sollte ich zwischen den einzelnen Übungen mehr Zeit lassen. Ich kann die *Technik* auch mehrmals mit der gleichen Person durchführen, wenn sich das für mich richtig anfühlt. Wenn ich Zweifel habe, ob ich die Nachrichten aus meinem Inneren richtig deute, kann ich folgende Übung machen:

Lucie Bernier
lauschend

Lucie Bernier
innere Stimme

Anschließend fahre ich mit den Schritten 3 bis 7 fort.

Schlusswort

Fertig, wir sind am Ende angelangt! Dieses Buch zeigt zahlreiche Möglichkeiten, wie die **Strichmännchen-Technik** eingesetzt werden kann. Im nächsten Schritt geht es nun darum, so häufig wie möglich damit zu experimentieren. Die Herausforderung im Alltag besteht darin, sich immer wieder ins Gedächtnis zu rufen, dass die Technik verfügbar ist und jederzeit eingesetzt werden kann.

Wichtig sind vor allem die Seiten 55 und 56, auf denen **die sieben Schritte der Technik in der einzuhaltenden Reihenfolge** aufgeführt sind. Dank der vielen Beispiele sollten die Grundprinzipien nach Lesen des Buchs gut verinnerlicht sein. So kann ich die Übung auch für Situationen durchführen, die hier nicht explizit aufgeführt wurden. Solange ich die **fünf Grundregeln** ab Seite 22 beachte, ist sichergestellt, dass ich die Technik korrekt anwende, gut geschützt bin und optimale Ergebnisse erziele.

Wir als Autoren möchten Sie abschließend dazu einladen, die nachfolgenden Erfahrungsberichte von Menschen zu lesen, die die Technik angewendet und damit wunderbare Ergebnisse erzielt haben. Wie die Berichte zeigen, hat sie sich selbst bei Skeptikern und „Ungläubigen" bewährt. Man muss nicht an sie glauben, man muss sie einfach nur anwenden.

Wir hoffen, dass die **Strichmännchen-Technik** Ihnen zu mehr Klarheit, innerem Frieden und Gelassenheit in Ihrem Leben verhilft – so wie sie es bei uns und Tausenden anderen Menschen getan hat.

Lucie Bernier und Robert Lenghan

Anhang

Was Anwender über die Strichmännchen-Technik sagen

Die Macht des Wortes

Die *Strichmännchen-Technik* ist wunderbar. Ich kann damit meine Abhängigkeit von Personen und Situationen auflösen, ohne die **Liebe**, die wahre und bedingungslose **Liebe**, abzutrennen. Außerdem werden mir so Verstrickungen an andere bewusst, die ich sonst vielleicht gar nicht erkannt hätte.

Die Technik ist mittlerweile zu einem festen Bestandteil meines täglichen Lebens geworden und ich empfehle sie jedem weiter, der mich um Hilfe bittet. Sie macht uns das Loslassen so viel einfacher. Es ist eine großartige Technik, die mein Leben positiv verändert hat.

Durch die Technik **habe ich verstanden, wie machtvoll das geschrie-**

bene Wort ist, und ich verstehe Jacques, wenn er sagt, dass „das Gehirn nicht zwischen real, virtuell, imaginär und symbolisch unterscheidet".

Ich wende die Technik jederzeit und auf alle Situationen an (zu Hause, im Auto, im Urlaub …) und sie hilft mir beim Loslassen.

DANKE, Jacques, für dieses wunderbare Werkzeug. *S.G.*

Loslassen in Liebe

Als Antwort auf Ihre Frage: **Die Technik hilft mir und meinen Klienten dabei, in Liebe loszulassen.** Auch fördert sie das Verständnis dafür, dass **wir an bestimmten Ereignissen gewachsen sind und einige Erinnerungen an die Vergangenheit loslassen müssen, um wieder zu innerer Gelassenheit und Gesundheit zurückzufinden.** *I.T.*

Die Kraft des symbolischen Akts

Mich begeistert die Einfachheit dieser Übung und **ich glaube an die Kraft symbolischer Handlungen. Es scheint mir für unsere Suche nach Frieden essenziell zu sein, dass wir uns von bewussten und unbewussten Verstrickungen befreien, damit nur das Band der Liebe bestehen bleibt.** Ich habe eine Weile gebraucht, bis ich mir die beiden Videos* von Jacques Martel angesehen habe, weil ich dafür eine Stunde freie Zeit brauchte. Aber ich war sofort begeistert. Danke an Jacques Martel, dass er uns diese wunderbare Technik, die er bei seinen Seminaren lehrt, kostenlos zur Verfügung stellt! *A.C.*

* Derzeit nur auf Französisch anzuschauen.

Hilfe für Therapeuten

Ich arbeite als selbstständiger Naturheilkundler und Massagetherapeut und mich hat die Technik so überzeugt, dass ich sie meinen Klienten regelmäßig empfehle. **Sie ist schnell und einfach auszuführen und mit ein wenig Loslassen kann man hervorragende Ergebnisse erzielen**. Ich sage immer: „*Versuch es einfach, du wirst schon sehen.*" **Kein Druck, kein ständiges Erinnern, einfach nur geschehen lassen**. Sie müssen sich nur die Anzahl der Besucher auf Ihrer Webseite ansehen, um zu wissen, dass die Methode weite Verbreitung genießt. Ich sage mir selbst immer, dass es die vielen kleinen Gesten sind, die am Ende große Ergebnisse bringen. Eine kleine Anekdote am Rande: Kürzlich erzählte ich einer meiner Schwestern von der *Strichmännchen-Technik*. Als ich wenig später vor einem kleineren Problem stand, sagte sie zu mir: „*Hast du schon die Strichmännchen-Technik darauf angewendet*?" Damit will ich nur zeigen, welche Wirkung diese Technik haben kann! Ein echter Bumerang-Effekt! Ich verbinde nur Gutes mit dieser Methode. *M.P.*

Jederzeit verfügbar

Seit ich die *Strichmännchen-Technik* kennengelernt habe, wende ich diese Übung an und **sie hilft mir sehr, ganz gleich, ob es um meine Energie, meine Gesundheit oder mein inneres Gleichgewicht geht**. Ich bin wirklich froh, dass ich die Technik habe, weil ich nicht über die Mittel verfüge, um mir wegen meiner Gesundheit, meiner Depressionen, meines Kräftemangels oder meiner chronischen Schmerzen professionelle Hilfe zu holen. Es war eine echte Wende für mich. *L.N.*

Befreiung, Wachstum, Vergebung

Ich wollte Ihnen gerne meine Meinung zu ihrer grandiosen *Strichmännchen-Technik* kundtun. Sie ist einfach **wunderbar, um uns selbst zu befreien, zu heilen und zu finden und unser Leben als Wesen mit Körper und Seele in die richtige Richtung zu bringen.**

Diese Technik hilft uns zu wachsen, zu vergeben und glücklich zu sein. Ich führe sie regelmäßig mit mehreren Personen durch und gebe sie auch an Menschen weiter, die Hilfe benötigen. Jeder schätzt sie und fühlt sich nachher besser. Ein ganz großes Dankeschön für die Information über diese Methode.

Gigi

Termine und Telefonanrufe

Ich nutze die *Strichmännchen-Technik* nun bereits seit Jahren und bin immer wieder **angenehm überrascht von den positiven Auswirkungen, wenn ich sie vor Terminen oder Telefonaten einsetze, vor denen mir graut.** Danke für diese einfache Technik, die sich überall einsetzen lässt.

L.T.

Umsatzsteigerung

Ich gratuliere Ihnen zu Ihren Büchern und den Videoclips zur *Strichmännchen-Technik*, die wirklich hervorragend funktioniert. Ich bin selbstständig und stelle handgemalte Lesezeichen aus Holz her, ebenso wie Gemälde auf Leinwand und kleine Schafe. **Seit ich die Technik verwende, verkaufen sich unsere Produkte immer besser.**

J.T.

Traurigkeit und Enttäuschung

Ich habe die *Strichmännchen-Technik* bereits mehrfach eingesetzt. **Sie hat mir geholfen, mich von meinen Gefühlen der Traurigkeit und Enttäuschung zu befreien.** Ich habe sie auf Freunde und Verwandte angewendet, meinen Ehepartner, meine Arbeit und so weiter. Vielen Dank!

D.P.

Schwierige Situationen und Termine

Ich verwende die Technik, wenn es um Situationen geht, bei denen ich befürchte, nicht ruhig bleiben zu können, oder die mir unmöglich zu bewältigen scheinen, also beispielsweise vor einem Examen (Magenschmerzen, Angst, alles zu vergessen, starke Panik) oder bevor ich etwas kommuniziere, das mir wichtig ist (**Liebe**, positive oder negative Gefühle). Ist der Zeitpunkt dann gekommen, läuft alles ganz friedlich und in **Liebe** ab, was häufig sehr unerwartet und eher ungewöhnlich ist.

A.P.

Einsatz beim Coaching

Zunächst einmal herzlichen Dank für die Erfindung dieser brillanten Technik. Ich fasse es kurz, **denn wie effektiv die Methode ist, sieht man am besten, indem man sie selbst ausprobiert**. Ich für meinen Teil habe sie schon häufig eingesetzt und das Ergebnis war jedes Mal umwerfend, ob es nun um mein Berufs- oder um mein Privatleben ging.

Als Coach und Trainer schlage ich meinen Klienten immer vor, die Methode zu versuchen, wenn sie sich an einem bestimmten Punkt im Kreis drehen. **Zuerst reagieren sie etwas erstaunt, aber nachdem sie es ausprobiert haben, sind sie von der Wirkung überzeugt**.

Danke für diese sehr einfache und gleichzeitig sehr effektive Methode.

G.W.

Bessere Gespräche

Ich habe die *Strichmännchen-Technik* ausprobiert. **Sie hilft mir, den Druck herauszunehmen, wenn ich Menschen treffe und wir über bestimmte Dinge reden.** Ich bin dann viel unbelasteter und es fällt mir leichter, festgefahrene Meinungen anderer in Bezug darauf, wie Dinge getan werden sollten, zu akzeptieren ↓♥. Ich werde sie auf jeden Fall für einige Personen einsetzen. Alles wird dadurch entspannter und ich merke, wie ich beginne loszulassen. *M.G.*

Drei Monate Funkstille

Drei Monate lang hatte ich nichts gehört – und dann, fünf Minuten nachdem ich die Strichmännchen-Technik genutzt hatte, bekam ich eine SMS von der betreffenden Person! Ich bin überwältigt! Ich fasse es kaum! Vielen Dank! *M.C.*

Nein sagen können

Die Technik hat es mir ermöglicht, mich von Ereignissen, in die mehrere Familienmitglieder involviert waren, zu lösen, ohne mich gleichzeitig von den Personen zu lösen. **Heute fühle ich mich weniger schuldig, wenn ich Nein sage**. Ich bin im Umgang mit den alltäglichen Dingen gelassener geworden. *C.M.*

Situation am Arbeitsplatz

Nachdem ich einmal die Angst überwunden hatte, mit der *Strichmännchen-Technik* auch die **Liebe** abzutrennen, habe ich sie mehrmals verwendet und immer gute Ergebnisse erzielt. Beim ersten Mal war diese Angst allerdings noch sehr präsent. Daher habe ich sozusagen als Test meinen Arbeitsplatz genommen. Ich war damals mit Leib und **Seele** mit meiner Arbeit verheiratet. Wann immer jemand Nein zu mir sagte, schmerzte es mich. Ich wendete also Ihre Technik an, ohne so recht an einen Erfolg zu glauben. Dabei hielt ich mich ganz genau an die Anleitung. Beim Durchtrennen der Verbindungslinien ging ich so schnell vor, dass ich im Bereich des Solarplexuschakras einen Schmerz verspürte, der mir regelrecht den Atem nahm. Aber ich löste mich emotional von meiner Arbeit und als ich abends die Tür zu meinem Büro schloss, konnte ich die Probleme ohne Schuldgefühl dort liegen lassen. **Ich hatte nicht mehr das Gefühl, rund um die Uhr verfügbar sein zu müssen. Ich bin weiterhin professionell und mache meine Arbeit gut und effektiv, aber mit mehr Abstand, einem objektiveren Blick und weniger emotionaler Beteiligung**. Ich konnte nahezu sofort nach der Übung spüren, wie sich eine Art von Frieden in mir ausbreitete.

Ich habe die Technik auch für eine Person eingesetzt, der ich sehr nahe stand. Die Nähe war so groß, dass ich ihre Probleme auf mich nahm. Ich fühlte mich so verantwortlich für sie, dass ich auf ihre Probleme reagierte, noch bevor sie selbst es tat. Dank der *Strichmännchen-Technik* hat sich unser Verhältnis verändert. **Ich liebe sie genauso sehr wie zuvor, wir sind uns immer noch nah, aber ich fühle mich nicht mehr für sie verantwortlich und lasse ihre Probleme bei ihr**. Mein Respekt ist gewachsen, sowohl der vor ihr als auch der vor mir selbst. Um an diesen Punkt zu kommen, musste ich die Übung mehrmals machen (ich glaube, es waren vier Durchläufe). Jedes Mal sah ich eine Verbesserung.

N.C.

Zur eigenen Kraft zurückfinden

Ich traf Jacques Martel in Frankreich, bei seinen Aufenthalten in Pau und in Ousse. Die *Strichmännchen-Technik* habe ich über den Besuch der Webseite kennengelernt*. Sie hat mir geholfen zu erkennen, dass wir in unserem täglichen Leben keine Marionetten sind, die von anderen dirigiert werden. Wir können auch anders handeln, als es uns beigebracht wurde oder als es von uns erwartet wird. **Durch das Durchtrennen der Abhängigkeiten kann ich diese Loslösung ganz konkret vornehmen und feststellen, dass es dazu allein meiner Willenskraft bedarf**.

Danke Jacques, dass du es mir ermöglichst hast, mich von einigen Einflüssen und Mauern zu befreien, die ich um mich herum errichtet hatte. Mittlerweile kann ich die Dinge von außen betrachten und mache weitere Fortschritte. Ich denke auch immer gleich an diese Technik, wenn schwierige oder komplexe Situationen auf mich zukommen, und greife sofort zum Zeichenstift. *L.F.*

Geige spielen

Lieber Jacques, kürzlich habe ich im Urlaub **meine Freundin Carole besucht, die leidenschaftlich gerne Geige spielt. Dennoch überfiel sie bei dem Gedanken, bei der Jahresabschlussfeier ihrer Musikschule vor Publikum spielen zu müssen, starkes Lampenfieber**. Als sie bei sich zu Hause übte, fragte sie mich, was ich von ihrem Spiel halte. Ich antwortete ihr, dass es schon ganz gut klang, sie jedoch noch ein wenig üben müsse, um weniger verkrampft zu sein.

Da ich aus täglicher Anwendung weiß, wie effektiv die *Strichmännchen-Technik* ist, erklärte ich ihr das Grundprinzip. **Gesagt, getan: Sie zeichnete zuerst sich selbst, dann ihre Geige und so weiter**.

* www.atma.ca

Bei der Jahresabschlussveranstaltung der Musikschule musste sie im Duett mit einer anderen Schülerin spielen. Das setzte sie sehr unter Druck und sie bat mich um Hilfe. Ich nahm also an der letzten gemeinsamen Probe teil und sandte ihr **Licht**, aber da ich das Gefühl hatte, dass das gar nicht mehr nötig war , hörte ich irgendwann einfach den beiden Geigen zu. **In diesem Moment sah ich ein strahlend weißes Licht, das auf Carole und ihre Geige herniedersank und im gleichen Moment öffnete sich mein Herz♥chakra und eine machtvolle Energie strahlte von meinem Herzen♥ zu dem meiner Freundin**. All dies geschah sehr rasch.

Und dann war ihre Musik plötzlich nicht mehr die gleiche. Sie war großartig, die Schwingungen waren wie göttlich inspiriert. Ihre Partnerin setzte die Geige ab und Carole spielte alleine weiter. Die Vorführung lief gut und auch hier spielte Carole wieder allein vor dem Publikum, genau wie bei der letzten Probe. An diesem Abend spielte sie inspiriert durch ihren Auftritt auch zu Hause und wieder war die Musik nahezu magisch!

Manchmal denke ich an die Schönheit des Klangs und an die Gefühle, die er in mir geweckt hat. Für Carole kann ich nur sagen, dass sich ihre Beziehung zu ihrer Geige zur großen Freude aller und auch meiner Ohren verändert hat.

Mein Dank geht an die *Strichmännchen-Technik* und an dich, Jacques.

L.G.

Eine unangenehme Situation mit Fliegen

Schon bei meiner Ankunft bei meiner Großmutter in Ornans (Frankreich) war mir klar, dass es wohl auch in diesem Jahr wieder den „*Krieg der Fliegen*" geben würde. Die Brummer waren zahlreich und extrem lästig und aggressiv. Sie setzten sich auf mich, meinen Teller, meine Haare. Kaum hatte man eine verjagt, waren schon drei weitere zur Stelle. Meine

Großmutter und mein Onkel hatten beide ständig eine Fliegenklatsche dabei und während wir redeten, aßen, lasen oder sonst etwas taten, unterbrachen sie es andauernd, um nach einer Fliege zu schlagen und zu verkünden, ob sie sie erwischt hatten oder nicht. Dutzende toter Fliegen lagen auf dem Boden, klebten an der Fliegenklatsche und einige landeten im Deckel eines Kirschmarmeladenglases.

Ich fand das alles sehr unangenehm. Also beschloss ich noch am gleichen Abend, die *Strichmännchen-Technik* mit den Fliegen durchzuführen, und erklärte sie auch meiner Großmutter. Ich zeichnete mich selbst, ich zeichnete meine Großmutter und ich zeichnete meinen Onkel und dann die Fliegen …

Am nächsten Morgen waren beim Frühstück nur noch wenige Fliegen da, die im Gegensatz zum Abend zuvor sehr ruhig und leicht zu vernichten waren. Danach blieben die Fliegen bis zum Ende meines Aufenthalts aus. Die Leute aus dem Dorf, die meine Großmutter besuchen kamen, waren äußerst erstaunt: „*Wie kann es nur sein, Odette, dass es bei dir keine Fliegen gibt? Bei mir sind so viele, dass ich Fliegenfänger aufhängen musste!*“

Und im Deckel befanden sich nun Kirschkerne anstatt toter Fliegen.

Danke, liebe Strichmännchen! Und Danke, Jacques! *L.G.*

Traumata aus der Kindheit

Lieber Jacques,
vor Kurzem erhielt ich eine nette E-Mail von meiner Freundin Juliette, in der sie mir auch einen Link zu den Videoclips über die *Strichmännchen-Technik* schickte. Zuerst fand ich den Titel etwas merkwürdig, aber weil ich ein offener Mensch bin, habe ich die Übungen gleich beim Anschauen mitgemacht. Ich habe erst nicht an die Methode geglaubt, weil ich bereits so vieles ausprobiert habe und bislang nichts bei mir gewirkt hat. *In meiner Kindheit und Jugend gab es einige traumatische*

Erlebnisse und wenngleich es mir im Laufe der Zeit gelungen ist zu vergeben, so konnte ich doch nicht vergessen und beim geringsten Anlass wie einem bestimmten Wort, einer Fernsehsendung oder Ähnlichem kam alles wieder hoch. Ich bin jetzt 66 Jahre alt und immer noch in der Vergangenheit gefangen.

Ich habe mir sehr viele Videos von Bruce Lipton angesehen, der darin erklärt, **dass es unser Unterbewusstsein ist, das uns lenkt, nicht unser Bewusstsein.** Als ich dich dann darüber reden hörte, war ich natürlich gleich ganz Ohr, denn ich hatte mir die ganze Zeit schon gesagt, dass das ja alles schön und gut ist mit dem Unterbewusstsein, aber wie genau räume ich dort auf? Ich beschloss also, dass ich mir einen ganzen Tag Zeit für meine Heilung nehmen würde. Ich schwor mir, dass ich durch alles hindurchgehen würde, anstatt es wegzuschieben, und dass ich die *Strichmännchen-Technik* so lange durchführen würde, bis keine Emotionen mehr hochkämen.

Ich kann es immer noch nicht fassen. **Es ist, als ob ich eine Tür zu meinem Unterbewusstsein geöffnet hätte.** Ich machte die erste Übung und eines führte zum anderen und dann zum nächsten und so weiter. **Ich verbrachte insgesamt drei Tage und mehrere Stunden pro Nacht mit der Strichmännchen-Technik und verbrauchte jede Menge Papier.** Ich ging wohl ein bisschen schnell vor und litt drei Tage lang unter Durchfall – aber was für eine Reinigungsaktion! **Was mir passiert, ist ein wahres Wunder. Ich bin so losgelöst von allem, dass ich fast den Eindruck habe, es sei ein Traum gewesen und dass das Ganze jemand anderem passiert ist. Ich habe sogar Probleme, überhaupt daran zu denken, weil es sich anfühlt, als seien einige Dinge aus meiner Erinnerung gelöscht worden.**

Voller Freude und Dankbarkeit leitete ich den Link zu den Videos an meine Freunde weiter, musste aber irgendwann damit aufhören, weil der Ansturm derjenigen, die mich besuchten oder weinend vor Glück anriefen und sagten: „*Marie-Andrée, Marie-Andrée, es ist unglaublich, wenn du wüsstest, was diese Übung mir alles gebracht hat …*“ einfach zu groß wurde. Wir haben Stunden damit verbracht, unsere Erfahrungen untereinander auszutauschen.

Also möchte ich dir in meinem Namen und dem all meiner Freunde ein großes DANKESCHÖN aussprechen. Ich würde dir den Mond schenken, wenn ich es könnte, ich würde dich ganz fest umarmen, wenn du in der Nähe wärst, denn was ich für dich fühle, ist etwas sehr Großes. Du bist wie ein Engel, der in mein Leben gekommen ist. Jetzt, wo ich von der Vergangenheit befreit bin, ist mein Leben so wundervoll. Es gibt das wunderbare Sprichwort: „Lampen sind nicht gemacht, um **Licht** auf sich selbst zu werfen“ und dein **Licht**, deine Kreativität haben vielen Menschen **Licht** gebracht. Setze deine wunderbare Mission fort, ich werde die gute Botschaft ebenfalls weiterverbreiten. Im Namen aller: Danke, tausendfach Danke.

Marie-Andrée

Danksagung

Wir danken Jacques Martel, dem Erfinder dieser Technik. Er hat uns nicht nur all unsere Fragen beantwortet, sondern uns auch großzügig erlaubt, diese unschätzbar wertvollen Informationen einer breiten Öffentlichkeit zugänglich zu machen, damit möglichst viele Menschen sie nutzen können.

Ebenfalls danken möchten wir Denis Trembley, Production Manager bei **Les Éditions ATMA Internationales**, der uns bei der visuellen Umsetzung und der Beantragung des Urheberrechts für dieses Buch und die *Technik* geholfen hat.

Wir danken auch den vielen Therapeuten, Heilpraktikern, Klienten und anderen Menschen dort draußen, die uns von ihren Erfahrungen mit der *Technik* berichtet haben und deren Kommentare, Berichte und Fragen uns sehr bereichert haben. All diese wertvollen Rückmeldungen ermöglichten uns, das vorliegende Buch zu schaffen, das als grundlegendes Werk zu Jacques Martels Strichmännchen-Technik dienen soll.

Lucie Bernier und **Robert Lenghan**

Über die Autoren und den Begründer der Strichmännchen-Technik

Lucie Bernier ist Psychotherapeutin, hält Vorträge und leitet Workshops im Bereich persönliche Entwicklung. Sie stammt aus Rivière-Ouelle, einer Gemeinde in der Nähe von Québec in Kanada.

Nach Abschluss Ihres Jurastudiums arbeitete sie 22 Jahre für eine internationale Fluggesellschaft als Flugbegleiterin und Chief Purser.

Seit 1989 befasst sie sich mit Persönlichkeitsentwicklung. 1993 wurde sie REIKI-Meisterin (eine natürliche Heilmethode, bei der man die Hände auflegt und absichtslos neutrale universelle Energie fließen lässt). Zudem absolvierte sie über 2.500 Stunden Workshops zur beruflichen und persönlichen Weiterentwicklung. Sie leitete auch selbst Seminare und assistierte bei Workshops, die Jacques Martel gab, hauptsächlich in Europa. Sie lehrte und hielt Vorträge in Québec, New Brunswick, Ontario und den Vereinigten Staaten.

Von 1995 bis 1998 arbeitete sie an der ersten Ausgabe von *The Complete Dictionary of Ailments and Diseases* (auf Deutsch erschienen beim VAK Verlag unter dem Titel **„Mein Körper – Barometer der Seele“**) mit und sie war auch an der Ausarbeitung der zweiten Ausgabe beteiligt. Sie ist mittlerweile Assistant General Manager bei **Les Éditions ATMA Internationales** und besitzt zudem eine Telekommunikationsfirma.

lucie.bernier@atma.ca

Robert Lenghan verfügt über weitreichende Coaching-Erfahrung im öffentlichen wie im privatwirtschaftlichen Sektor, insbesondere in den Themengebieten Change Management, Personalmanagement, Arbeitsorganisation, Projektkoordination und -organisation, Training und Veranstaltungsmanagement.

Als Berater konnte er sein Wissen unterschiedlichen Klienten zur Verfügung stellen und effektive, realistische, maßgeschneiderte und rentable Lösungen für sie entwickeln, die ihrer Vision, ihren Bedürfnissen und ihren Ressourcen entsprachen.

Auf Grundlage seines Studiums und seiner Berufserfahrung hat er für sich eine Arbeitsethik entwickelt, die durch Effektivität, Dynamik, Vielseitigkeit, Kreativität, Sorgfalt und Ergebnisse geprägt ist. Er macht sich stark für aufmerksames Zuhören, harmonische Kommunikation und Teamwork auf der Grundlage von menschlichen Beziehungen.

In den vergangenen 25 Jahren hat er vor allem als Projektkoordinator in Québec gearbeitet. Er war zwölf Jahre lang an der Umsetzung mehrerer strategischer Mandate beteiligt, in Organisationen wie der **Commission de la santé et de la sécurité du travail** (Kommission für Gesundheit und Arbeitsschutz) und der **Régie de l'assurance maladie du Québec** (Gebietskrankenkasse Québec).

Robert Lenghan ist General Manager von **Les Éditions ATMA Internationales**. Seit 2008 ist er REIKI-Meister und hat mehrere Workshops zur persönlichen Entwicklung besucht, die ihm geholfen haben, sein Leben zu ändern und seine außerordentlichen Fähigkeiten in der Kommunikation und im Umgang mit Menschen noch weiter zu verbessern.

robert.lenghan@atma.ca

Jacques Martel, geboren im September 1950 im kanadischen Montreal, hat Elektrotechnik studiert. Er ist Autor, Trainer und internationaler Vortragsredner sowie der Gründungspräsident von **Les Éditions ATMA Internationales** – einem Verlag, der es sich zum Ziel gesetzt hat, Gesundheit, Wohlbefinden und die Öffnung des **Bewusstseins** zu fördern. Durch seine Ausbildung gelang es ihm, seine Gabe für praktische Lösungen mit seiner intuitiven Seite zu verbinden. Jacques Martel ist der Autor mehrerer Bücher, darunter der Bestseller *The Complete Dictionary of Ailments and Diseases* (auf Deutsch erschienen beim VAK Verlag unter dem Titel **„Mein Körper – Barometer der Seele"**), der bereits über eine Million Leser hat und mittlerweile zu einem Referenzwerk für die breite Öffentlichkeit und viele im Gesundheits- und Wellnessbereich tätige Menschen geworden ist. Seine Herangehensweise und Erfahrung haben Tausende von Menschen in ihrer Entwicklung unterstützt. Jacques Martel hat die **Technique d'Integration par le Cœur** (T.I.C.©) erfunden. Er ist REIKI-Meister und Rebirthing-Therapeut.

Seit 1990 bildet er sich stetig persönlich und beruflich weiter, woraus sein seit Jahren grundsolider Ruf resultiert.

Jacques Martel hält Vorträge und ist auf Gesundheits- und Wellness-Messen vertreten. Von 1988 bis 2013 leitete er Workshops in Kanada, Europa, auf La Réunion, in Französisch-Polynesien und auf Mauritius. Auf Anfrage bildet er andere Therapeuten in der emotionalen Heilmethode (**T.I.C.©:** Technique d'Integration par le Cœur ©) aus, die er im Laufe der Jahre entwickelt hat und mit der er bei seinen Klienten positive Ergebnisse erzielt.

Von Zeit zu Zeit bietet er eine Trainingseinheit mit dem Titel „On the road to Awakening" an, die sich an Menschen richtet, die sich innerlich öffnen und eine höhere **Bewusstseins**ebene erreichen möchten. Das Interesse, das sein Buch *The Complete Dictionary of Ailments and Diseases* (**„Mein Körper – Barometer der Seele"**) bei Lesern und Therapeuten geweckt hat, zeigt die Relevanz eines solchen Buches. Zusätzlich zur im Jahr 2007 erschienenen zweiten Ausgabe des Buchs hat **Jacques Martel** weitere Bücher veröffentlicht, die von allen geschätzt werden, die auf der Suche nach Heilung und Wohlbefinden sind.

Er hat auch mehrere CDs mit Vorträgen und geführten Meditationen veröffentlicht, die auf digitalen Plattformen erhältlich sind, sowie Videos zu verschiedenen Gesundheits- und Entwicklungsthemen. Nähere Informationen hierzu finden sich auf der Webseite **www.atma.ca**.

Jacques Martel

jacques.martel@atma.ca
www.jacquesmartel.com

Wegweiser zu den Anwendungsbeispielen

Beispiele, wie ich eine Verstrickung mit einer Person auflöse

→ Zusammenfassung der sieben Schritte für eine Person 55, 56

Beispiele, wie ich eine Verstrickung in eine Situation auflöse

→ Zusammenfassung der sieben Schritte für eine Situation 61, 62

Beispiele, wie ich eine Verstrickung mit einem Teil meiner selbst auflöse

Jacques Martel:

Mein Körper – Barometer der Seele

Das psychosomatische Lexikon, das schon beim Lesen hilft

Leseprobe: www.vakverlag.de

Warum hat es mich erwischt? Warum habe ich gerade diese Krankheit bekommen? Auf diese Fragen gibt der Psychotherapeut Jacques Martel Antworten. Er hilft jedem zu verstehen, welche Signale die Seele in körperlichen Krankheiten auszudrücken versucht. Ein Lexikon zum Nachschlagen der Symptome, das mehr als nur Informationen bietet: Eine besondere Lesetechnik trägt dazu bei, dass die Leser ihre inneren Weichen auf ein positives Lebensgefühl umstellen.
Komplett aktualisierte und stark erweiterte Neuausgabe!

672 Seiten, Hardcover (16 x 22,5 cm)
ISBN 978-3-86731-097-0

Jacques Martel:

Die Kraft der Worte

Wie die richtige Wortwahl uns befreit, stärkt und heilt

Leseprobe: www.vakverlag.de

Allzu oft gehen wir gedankenlos mit Worten um, dabei ist Sprache so viel mehr als nur ein reiner Austausch von Informationen. Worte haben einen entscheidenden Einfluss auf uns und prägen unser Denken und Fühlen. Wenn wir negativ besetzte Worte aus unserer Sprache verbannen und durch positive Begriffe ersetzen, können wir wieder mehr Wohlbefinden und Freiheit in unser Leben bringen und haben auch eine positivere Wirkung auf andere. Jacques Martel zeigt uns, wie das geht und liefert einfache Techniken und praktische Wortlisten für die Umsetzung.

128 Seiten, Paperback (13 x 20,5 cm)
ISBN 978-3-86731-247-9

Glenn Berkenkamp:

Gehen ist ein Abenteuer

Wir entdecken immer Neues und manchmal auch uns selbst

Leseprobe: www.vakverlag.de

In 35 abwechslungsreichen Spaziergängen lädt uns der Autor dazu ein, unsere Sinne zu schärfen, uns achtsam zu bewegen, unsere Gedanken zu fokussieren und unseren Körper neu zu erleben, um präsenter und selbstbewusster zu werden. Diese Oasen der Ruhe helfen uns, wieder klar im Kopf zu werden und Körper, Geist und Seele in Balance zu bringen. Ein praktischer Leitfaden für den „richtigen Impuls zur richtigen Zeit" macht es uns leicht, den passenden Weg einzuschlagen.

296 Seiten, Klappenbroschur (15 x 21,5 cm)
ISBN 978-3-86731-261-5

Abonnieren Sie unseren Newsletter (gratis): www.vakverlag.de

Chris Niebauer:

Kein Ich, kein Problem

Was Buddha schon wusste und die Neuropsychologie heute bestätigt

Leseprobe: www.vakverlag.de

Das buddhistische Dogma des *Anatta* lehrt, dass unser Ich nur durch das Denken entsteht und in Wirklichkeit gar nicht existiert. Es gaukelt uns etwas vor, anstatt uns die Wahrheit erkennen zu lassen und erzeugt unnötiges seelisches Leid. Erst, wenn wir uns von unserem Ich lösen und es von außen betrachten, können wir die Dinge erkennen, wie sie wirklich sind. Chris Niebauer erklärt, wie die linke Hirnhälfte diese „Ich-Illusion" erschafft, warum die rechte Hirnhälfte auch noch ein Wörtchen mitzureden hat und zeigt, dass die Lehren des Buddhismus schon immer wussten, was die Wissenschaft heute auch endlich erkennt.

192 Seiten, Paperback (13,5 x 21,5 cm)
ISBN 978-3-86731-240-0

Bradley Nelson:

Der Emotionscode

Wie Sie Ihre eingeschlossenen Emotionen lösen

Leseprobe: www.vakverlag.de

Emotionen beeinflussen unser Denken, unser Handeln und unsere Beziehungen. Emotionale Blockaden können Schmerzen, Funktionsstörungen und Krankheiten auslösen. Die in diesem Buch beschriebene Selbsthilfemethode zeigt Ihnen, wie Sie solche eingeschlossenen Emotionen lokalisieren und mithilfe eines Magneten, der dem Körper einen Regulationsimpuls gibt, einfach auflösen. So können Sie Beeinträchtigungen rasch beseitigen und körperliche Beschwerden beenden. Diese stark erweiterte Neuausgabe wurde um zusätzliche Kapitel, neue Erfahrungsberichte, neue Anwendungen für den Muskeltest und vieles mehr erweitert.

432 Seiten, zahlreiche Abb., Klappenbroschur (15 x 21,5 cm)
ISBN 978-3-86731-241-7

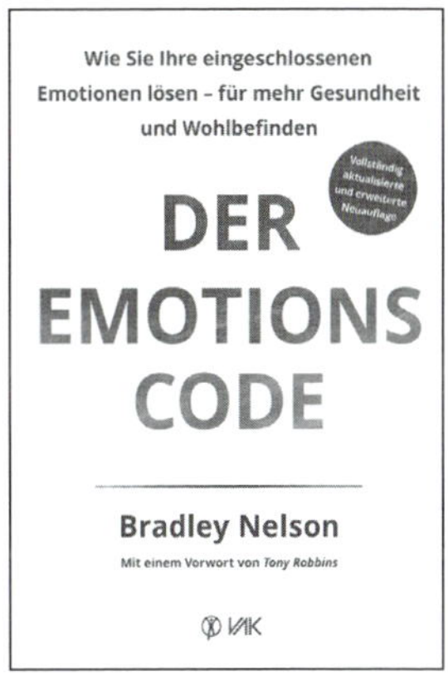

Dr. Susanne Marx:

Das große Buch der Affirmationen

Für alle Lebenslagen

Leseprobe: www.vakverlag.de

Basierend auf den neuesten wissenschaftlichen Erkenntnissen erklärt die Autorin, wie und warum Affirmationen wirken und was sie besonders effektiv macht. Das Buch beinhaltet eine praktische Anleitung, damit Sie Ihre individuelle Affirmation treffend formulieren können. Im umfassenden lexikalischen Teil finden Sie eine Übersicht der wirkungsvollsten Affirmationen – Hunderte von Glaubensätzen, die Ihnen helfen, zu allen Lebensbereichen sofort und ohne großes Suchen die richtige Affirmation parat zu haben.
Das neue Standardwerk für alle, die die Kraft der Affirmationen für sich nutzen wollen!

272 Seiten, Paperback (16 x 22,5 cm)
ISBN 978-3-86731-130-4

Bestellen Sie unsere kostenlosen Kataloge: www.vakverlag.de